中等职业教育会计专业课程改革规划新教材

管理会计基础

主　编　张　卿

参　编　王　丽　韦旭源　闫雅雯

主　审　彭纯宪

机 械 工 业 出 版 社

“管理会计”是中华人民共和国教育部2010年3月8日发布实施的《中等职业学校专业目录（2010 年修订）》会计和会计电算化两个专业的一门专业课程。本教材根据中等职业教育的实际需要和培养目标而编写，立足于职业能力培养，舍弃了学习难度大、理论阐述多和在中小型企业实用性不大的内容，根据我国中小型企业的实际情况，对传统教材的内容进行了简化和改进，更贴近实践，也有利于中等职业学校的教学。

本教材内容包括认识管理会计、学会成本分类、学会利润核算、作出经营决策、作出投资决策、编制预算、学会成本控制七个项目。本教材按项目式教学要求编写，采用案例式讲解方式，并配有“想一想”、“案例讨论”、“温馨提示”和“概念提示”等栏目，引导学生主动参与到教学活动中来。每个项目后还配有训练题，便于教学和学习使用。

本教材适合中等职业教育会计和会计电算化专业的教学使用，也可作为在职人员自学和培训读物。

图书在版编目（CIP）数据

管理会计基础/张卿主编．—北京：机械工业出版社，2011.2（2017.3重印）
中等职业教育会计专业课程改革规划新教材
ISBN 978-7-111-33357-9

Ⅰ．①管…　Ⅱ．①张…　Ⅲ．①管理会计—专业学校—教材　Ⅳ．①F234.3

中国版本图书馆CIP数据核字（2011）第018718号

机械工业出版社（北京市百万庄大街22号　邮政编码100037）
策划编辑：宋华　责任编辑：李兴
封面设计：马精明　责任校对：赵蕊
责任印制：杨　曦

北京宝昌彩色印刷有限公司印刷

2017年3月第1版第2次印刷
184mm×260mm · 7.75印张 · 186千字
3 001—4000册
标准书号：ISBN　978-7-111-33357-9
定价：20.00元

前 言

“管理会计”是中华人民共和国教育部2010年3月8日发布实施的《中等职业学校专业目录（2010年修订）》会计和会计电算化两个专业的一门专业课程。

1. 本教材的编写指导思想

本教材按照中等职业教育教学改革的要求，本着中等职业学校学生“学得懂、用得上”的原则，对传统教材内容进行了较大幅度的修改。舍弃了理论性强、学习难度大、在中小型企业实用性不大的内容，对传统教材的内容进行了简化和改进，使之更符合我国国情，贴近实践，也有利于中等职业学校的教学。

2. 本教材的结构特点

本教材按项目式教学要求编写，采用案例式讲解方式，并配有“想一想”、“案例讨论”、“温馨提示”和“概念提示”等形式多样、生动活泼的小栏目，目的是引导学生主动参与案例讨论和分析，培养学生分析和解决问题的能力。

全书分为七个项目，建议教学总课时为70学时，具体分配如下：

项　目	内　容	理论学时	实训学时	学时合计
一	认识管理会计	2	—	2
二	学会成本分类	4	2	6
三	学会利润核算	6	4	10
四	作出经营决策	8	8	16
五	作出投资决策	10	10	20
六	编制预算	4	4	8
七	学会成本控制	4	4	8
	合　计	38	32	70

本教材由陕西省机电工程学校张卿老师（全国职教名师）任主编，并编写项目四～项目六；南京财经学校王丽编写项目二、项目三；浙江金华商业学校韦旭源编写项目七；陕西省机电工程学校闫雅雯编写项目一，并制作教学课件。

本教材在编写过程中得到了武汉市财贸学校彭纯宪的悉心指导，提出了许多宝贵意见，在此表示衷心感谢！

选用本书作为教材的中等职业学校及其老师，可以通过机械工业出版社教材服务网（http://www.cmpedu.com）获取助教课件。欢迎广大教师加入中职会计专业交流群（124688614）分享教学资料和交流教学经验。

由于编者水平有限，书中难免有不足之处，恳请广大读者批评、指正。

编　者

目　录

前言

项目一　认识管理会计

项目导航

管理会计是管理科学和会计学科相结合的产物，它的形成与发展是会计发展史上一个重要的里程碑。

学习目标

- 认识什么是管理会计
- 明确管理会计的目标
- 了解管理会计的内容和职能

主要内容

- 管理会计的定义
- 管理会计的目标、内容和职能

具体任务

任务一　初步了解管理会计
任务二　了解管理会计的目标、内容和职能

任务一　初步了解管理会计

任务要求

1. 了解管理会计的定义
2. 认识管理会计的对象

知识储备

管理会计是会计学科体系中不同于财务会计的另一种会计，它是用于企业内部经营管理的会计，其功能在于“管理”，而不是记账算账。

一、管理会计的定义和发展

“管理会计”这个术语是1952年世界会计学年会提出的，但对其定义各界众说纷纭，其中比较有代表性的提法包括：

美国会计学会（American Accounting Association，简称AAA）管理委员会于1958年发表的定义：“管理会计是指为了协助经营管理人员拟定能达到合理经营目的的计划，并作出能达到上述目的的明智决策，在处理本企业历史和计划的经济资料时所运用的被认为是适当的技术和概念。”

注册管理会计师协会（The Institute of Certified Management Accountants，简称ICMA）在1992年发表了广义的管理会计定义，把审计以外的各个会计组成部分都视为管理会计的范围，认为管理会计是“对管理当局提供所需要的那一部分会计工作，使管理当局得以确定方针政策，对企业的各项活动进行计划和控制，保护财产的安全；向企业外部人员反映财务状况，向职工反映财务状况；对各个行动的备选方案作出决策。为此，需要编制长期计划，确定短期经营计划；对实际业务进行记录；采取行动纠正偏差，将未来的实际业务纳入轨道；获取并控制各种资金。”这种广义的管理会计定义及其解释得到了国际会计师联合会（International Federation of Accountants，简称IFAC）的赞同。

20世纪80年代初，西方管理会计开始传入我国，关于其定义也有多种说法。有的认为管理会计就是决策会计；有的认为管理会计就是向企业管理部门提供资料或信息，以帮助企业进行经营活动的会计分支。

结合中外会计学者的观点，我们认为管理会计是根据现代企业管理的要求，利用专门的方法对财务会计资料和其他资料进行加工、整理和报告，为管理者对企业日常发生的各项经济活动进行决策、计划提供有效信息的一个会计分支。

二、管理会计的对象

管理会计是管理科学与会计学科相结合的产物，企业管理的对象是企业经营活动，而会计的对象是资金运动。因此，管理会计的对象就是以价值指标来反映企业生产经营活动的情况。管理会计通过控制资金运动来控制企业的生产经营活动。

任务二　了解管理会计的目标、内容和职能

任务要求

1. 明确管理会计的目标
2. 了解管理会计的内容
3. 认识管理会计的职能

知识储备

管理会计的目标、内容和职能与财务会计有所不同，其内容主要是决策、规划与控制，其职能主要是参与经营管理。

一、管理会计的目标

管理会计是企业管理的一种方法，它的目标和企业管理的目标是一致的，都是为了提高企业的经济效益。

管理会计是为企业内部管理服务的，它不受财务通则和会计准则的约束，可以按企业管理的需要来处理会计信息，为企业的管理和决策提供信息服务，参与企业的经营管理。通过编制全面预算和各级责任预算，按照各项经济目标的要求合理配置资源，引导资源在企业内部合理流动。通过标准成本、责任会计等方法，分析差异，调节并控制经济活动，考核和评价企业各部门的业绩。

二、管理会计的内容

管理会计是一门新兴的、尚待完善的学科，其内容在会计界尚未有定论，但对管理会计的基本内容而言，目前较为一致的看法是与管理的基本职能相适应，基本内容分为决策与计划会计以及控制与考核会计两大部分。

1. 决策与计划会计

管理会计中的决策重在决策分析，即利用会计提供的财务信息及其他信息，运用管理会计中的专门方法，对未来行动的各种备选方案进行决策分析，为决策者的决策提供依据。

管理会计中的计划重在计划的编制，即在对各备选方案进行决策分析的基础上，将决策涉及的目标用数量形式具体化，编制成各种预算，作为日常控制的基础。

因此，决策与计划会计包含了以下三个方面的内容。

（1）预测分析。利用财务会计信息和其他有关信息，按照成本、数量、利润间的依存关系，运用本量利分析和统计方法，对市场、销售、成本、利润、资金进行科学的预测分析，为决策分析提供必需的资料。

（2）决策分析。利用预测分析得出数据资料，利用各种决策分析方法，对各个备选方案进行比较，为决策者的决策提供依据。

（3）预算编制。将决策分析确定的目标用数量形式具体化，编制成各种预算，作为日常控制的目标。

2. 控制与考核会计

管理会计中的控制是指提供有用信息，协助管理当局及时纠正经济活动中的偏差，使经济活动按预定的目标和计划进行。控制以预算和标准成本为依据。

管理会计中的考核是指利用会计报告，通过实际情况与预算、标准的对比来分析差异形成的原因，并确定责任人的经济责任，对执行者进行评价的过程，以此协调企业各部门的活动，使整体效益达到最佳。

控制与考核会计的具体内容包括以下两个方面。

（1）成本控制系统。通过价值分析，制定标准成本，进行事先控制，并作为事中、事后控制的依据。将实际成本与预算的标准相比较，找出差异，分析差异形成的原因和性质。

（2）责任会计。通过责任会计的评价体系来确定各责任人的业绩与责任，对预算执行情况进行评价，调节经济活动，使之按预定计划进行，通过考核来促进各责任单位改进经济活动。

三、管理会计的职能

管理会计是管理科学与会计学科相互结合、相互渗透后出现的新兴学科，它兼具管理和会计的双重职能。就管理最基本的职能而言，就是计划与控制。计划是指利用现有资源，对未来的经济活动进行安排，以期取得最佳效果；控制是指在计划的实际执行过程中，检查实际执行情况与计划是否相符，并采取措施纠正偏差，以达到预期目标的过程。会计的基本职能是反映和监督。反映是对已经发生的或已经完成的经济活动的记录；监督是对已经发生和正在进行的经济活动实行监督。结合管理的职能和会计的职能，管理会计应具有以下几项职能。

1. 参与经营决策

管理会计借助于各种数学模型和定量分析，对未来行动的各个方案进行评价，就能为各项决策方案提供有用的经济信息，评价各项备选方案的优劣，帮助企业管理者作出正确的决策，这就参与了各项经营决策。

2. 规划经济活动

在决策目标确定后，管理会计通过编制全面预算，将确定的目标用数量形式具体化。实行责任会计制度的企业，还要把全面预算进行分解，制定各个责任部门的各种责任预算。把整个企业的经营目标、政策、计划用数字反映出来，为计划具体执行过程中的控制与考核提供依据。

3. 控制与业绩考核

计划与预算一经实施，控制就已经开始。有关生产经营活动的预算目标确定之后，管理会计通过标准成本制度、责任会计等手段，使实际的经济活动始终处于计划和预算的控制之下。通过将实际完成情况与责任目标进行对比分析，找出存在的差异，并分析差异产生的原因，评价有关责任部门的业绩，明确经济责任，不断改善经营活动，提高经济效益。

项目总结

管理会计是根据现代管理的要求，利用专门的方法对财务会计资料和其他资料进行加工，为企业管理者的决策、计划提供有效信息的管理方法。

管理会计是企业管理的一种方法，它的目标和企业管理的目标是一致的，都是为了提高企业的经济效益。

管理会计的基本内容为预测、决策、预算、控制、考核。

管理会计的职能有参与经营决策、规划经济活动、控制与业绩考核。

训　练　题

一、判断题（正确的打“√”，错误的打“×”）

1．管理会计不受会计准则的约束。（　　）

2．管理会计是财务会计的组成部分。（　　）

二、单项选择题（请将最佳选项代号填入括号中）

1．管理会计的目标是（　　）。

A．经济活动　B．资金运动　C．管理活动　D．提高经济效益

2．管理会计服务的对象是（　　）。

A．企业内部管理　B．外部公众　C．财政部门　D．工商管理局

三、多项选择题（每题有两个或两个以上的答案，请将正确选项代号填入括号中）

1．管理会计的内容包括（　　）。

A．决策与计划会计　B．控制与考核会计

C．责任会计　D．预算会计

2．管理会计的职能有（　　）。

A．参与经营决策　B．规划经济活动

C．控制与业绩考核　D．提高经济效益

项目二　学会成本分类

项目导航

财务会计按用途对成本分类。而管理会计按成本与业务量的关系分类，分为变动成本和固定成本。将成本分为变动成本和固定成本，是管理会计的理论基础和精髓，它能帮助我们解决很多决策问题。

学习目标

- 了解管理会计中成本的分类
- 学会区分变动成本和固定成本的方法
- 掌握变动成本和固定成本的特点
- 理解管理会计成本分类与财务会计成本分类的区别及联系

主要内容

- 管理会计中成本的分类
- 管理会计成本分类与财务会计成本分类的区别及联系

具体任务

任务一　了解成本按与业务量的关系分类

任务二　学会各类企业变动成本与固定成本的划分

任务一　了解成本按与业务量的关系分类

任务要求

1. 能认识变动成本、固定成本
2. 能理解变动成本、固定成本的特点

知识储备

这里说的成本，是广义的成本，包括成本和费用，即生产成本和期间费用。管理会计的成本分类与财务会计有所不同。

一、财务会计的成本分类

财务会计对成本是按用途分类的，分为生产成本和期间费用两大类。

1. 生产成本

以工业企业为例，生产成本是指用于产品生产而耗费的成本，包括直接材料、直接人工和制造费用三部分。

（1）直接材料　是指直接用于产品生产过程的材料耗费。

（2）直接人工　是指从事产品生产的工人的薪酬，包括工资、津贴、福利费和社会保险费等。

（3）制造费用　是指生产过程中发生的间接费用，包括车间管理人员的薪酬、水电费、工具消耗、生产用固定资产折旧费、设备保养费及劳动保护费等。

2. 期间费用

期间费用即非生产成本，是指销售、管理、筹资等非生产活动发生的成本，具体包括销售费用、管理费用和财务费用。

（1）销售费用　是指企业在销售过程中发生的费用，包括专设销售机构（如销售网点、售后服务网点等）的职工薪酬、招待费、差旅费、专设销售机构的固定资产折旧费，销售过程中发生的运输费、装卸费、包装费、保险费、展览费、广告宣传费、售后服务费及其他费用等。

（2）管理费用　是指企业在经营管理活动中所发生的费用，包括企业的管理部门在经营管理中发生的职工薪酬、办公费、差旅费、管理用低值易耗品摊销、维修费、固定资产的折旧费、工会经费、咨询费、诉讼费、业务招待费、有关财产行为税、一般无形资产摊销、技术研究费、排污费、存货正常损耗、筹建期间的开办费和其他费用等。

（3）财务费用　是指企业为筹集生产经营所需资金而发生的费用，主要包括负债利息支出和银行承兑手续费等。

二、管理会计的成本分类

为了将成本信息有效地用于经营决策，管理会计成本是按与业务量（即产量、销售量、销售额、营业额等）的关系来分类的，分为变动成本和固定成本两类。

1. 变动成本

变动成本是指成本总额随业务量增减而成正比例增减的成本，即业务量变动，成本总额也相应变动的成本，如工业产品的直接材料成本、直接人工成本，商业企业的商品进价成本等。变动成本是总额变动，而单位业务量的成本是相对不变的。例如某商品的进价为 10 元，即每件商品的单位变动成本为 10 元，这是不变的；销售量为 10 件时，销售总成本为 100 元，销售量为 20 件时，销售总成本为 200 元，这里的销售总成本就是变动成本。也就是说，变动成本总额随销售量增加而增加，销售量每增加 1 件，变动成本总额增加 10 元。

例如，某工业产品每件材料成本为 30 元、人工成本为 15 元、其他直接费用为 5 元，即每件变动成本为 50 元，其变动成本与产销量的关系见表 2-1。

表 2-1　变动成本与产销量的关系

产销量/件	单位产品变动成本/元	变动成本总额/元
100	50	5 000
200	50	10 000
300	50	15 000
400	50	20 000
500	50	25 000

2. 固定成本

固定成本就是不随业务量增减变动，总额固定不变的成本，如固定资产折旧费、租金成本、利息成本等。不管企业有多少业务量，这些成本是固定不变的。

例如，某商店月租金为 5 000 元，属于固定成本，即无论销售额是多少，租金都是不变的。其固定成本与销售额的关系见表 2-2。

表 2-2　固定成本与销售额的关系

月　份	销售额/元	固定成本总额/元
1	80 000	5 000
2	70 000	5 000
3	50 000	5 000
4	50 000	5 000
5	60 000	5 000

【案例讨论】可口奶茶店在闹市区的门面月租金为 15 000 元，奶茶每杯进价成本为 2 元。若当月销售量为 1000 杯，则当月变动成本总额和固定成本总额分别为多少元？

> **温馨提示**
>
> 变动成本总额随业务量变动，而单位变动成本不变；固定成本总额固定不变，而单位业务量负担的固定成本会随业务量的增加而减少。

计算过程与结果

此外，还有一些混合成本，即一项成本中既有变动成本又有固定成本。对于混合成本项目，可以根据其性质加以辨认分解。例如，推销员工资中，基本工资部分为固定成本，销售提成工资随销售量的增加而增加，为变动成本；电话费中，月租费、来电显示费为固定成本，通话费为变动成本。

变动成本与固定成本的分类，是管理会计的理论基础，对经营决策有十分重要的意义。

任务二　学会各类企业变动成本与固定成本的划分

任务要求

1. 区分各类企业的变动成本与固定成本
2. 理解管理会计与财务会计对成本分类的区别和联系

知识储备

虽然财务会计与管理会计研究成本的侧重点不同，分类依据不同，但两者存在着紧密的联系。两者的信息同源，无论哪种成本的分类，其基本信息都来源于财务会计，有的是财务会计资料的直接使用，有的则是财务会计资料的调整和延伸，如直接材料成本和直接人工成本都是变动成本，管理费用、财务费用都是固定成本等。

一、工业企业的变动成本与固定成本

在工业企业中，直接材料、直接人工随产量的增加而增加，为变动成本；制造费用中一部分随产量增减而增减，为变动成本，另一部分不随产量变化，为固定成本；销售费用中，有一部分为变动成本，也有一部分为固定成本；管理费用和财务费用基本与产量多少无关，一般为固定成本。工业企业变动成本和固定成本的内容，见表 2-3。

表 2-3　工业企业变动成本和固定成本的内容

成本类别	成本内容
变动成本	直接材料成本 直接人工成本 变动制造费用：水电费、维修费、燃料费、工具消耗等 变动销售费用：销售提成工资、运输费、装卸费、包装费、保险费、售后服务费等
固定成本	固定制造费用：车间管理人员薪酬、设备维护保养费、劳动保护费、生产用固定资产折旧费、车间办公费等 固定销售费用：销售人员基本薪酬、广告宣传费、招待费、差旅费、销售部门办公费、销售用固定资产折旧费等 管理费用 财务费用

【案例讨论】某工业企业某月成本费用资料，见表 2-4。

表 2-4　工业企业月度成本费用表

项　目			金额/元
生产成本			500 000
其中：	直接材料		300 000
	直接人工		120 000
	制造费用		80 000
	其中：	水电费	30 000
		设备维护保养费	5 000
		工具消耗	2 000
		车间管理人员薪酬	10 000
		生产用固定资产折旧费	30 000
		劳动保护费	2 000
		车间办公费	1 000
销售费用			100 000
其中：	销售人员基本薪酬		20 000
	销售提成工资		10 000
	售后服务费		30 000
	广告宣传费		20 000
	销售用固定资产折旧费		10 000
	办公费用		2 000
	运输费		8 000
管理费用			120 000
财务费用			20 000

当月产品生产销售量 5 000 件。请计算当月变动成本总额、单位产品变动成本、固定成本总额。

计算过程与结果

二、商业企业的变动成本与固定成本

在商业企业中，销售商品进价成本为变动成本；销售费用中，一部分为变动成本，另一部分为固定成本；管理费用和财务费用一般为固定成本。

商业企业变动成本和固定成本的内容，见表 2-5。

表 2-5　商业企业变动成本和固定成本的内容

成本类别	成本内容
变动成本	销售商品进价成本 变动销售费用：销售人员提成工资、售后服务费、运输费、装卸费、包装费、保险费等
固定成本	固定销售费用：销售人员或营业人员基本薪酬、广告宣传费、招待费、店面租金或折旧费等 管理费用 财务费用

三、餐饮服务企业的变动成本和固定成本

餐饮服务企业变动成本和固定成本的内容，见表 2-6。

表 2-6　餐饮服务企业变动成本和固定成本的内容

成本类别	成本内容
变动成本	饮食材料成本 变动营业费用：水电费、燃料费、炊具餐具消耗、清洗消毒费等
固定成本	固定营业费用：员工薪酬、营业用固定资产折旧费、房屋租金、广告宣传费、服装费、保险费等 管理费用 财务费用

四、其他各类企业的变动成本和固定成本

运输企业的营运成本随运输工作量的增减而增减，属于变动成本；管理费用和财务费用属于固定成本。建筑业的工程成本随工程量的变动而变动，属于变动成本；管理费用和财务费用属于固定成本。

同理，其他各类企业的成本费用均可分为变动成本和固定成本两个部分。

项目总结

为了适应经营管理上的不同需要，成本可以从不同的角度按照不同的标准进行分类。对成本按与业务量的关系进行分类是管理会计的理论基石之一。成本总额与业务量的依存关系是客观存在的，而且是有规律的。管理会计的许多决策方法，特别是短期决策方法都必须借助这一成本分类。

成本按与业务量的关系被分为两类：①变动成本，是指在一定业务量范围内随着业务量的增减变动，其总额也发生相应正比例变动的有关成本。②固定成本，是指在一定时期、一定业务量范围内，其成本总额保持不变的有关成本。

在工业企业中，直接材料、直接人工、变动制造费用、变动销售费用为变动成本，固定制造费用、固定销售费用、管理费用、财务费用为固定成本。

在商业企业中，销售商品进价成本、变动销售费用为变动成本，固定销售费用、管理费用、财务费用为固定成本。

在餐饮服务企业中，饮食材料成本、变动营业费用为变动成本，固定营业费用、管理费用、财务费用为固定成本。

运输企业的营运成本属于变动成本，管理费用和财务费用属于固定成本。
建筑企业的工程成本属于变动成本，管理费用和财务费用属于固定成本。

训 练 题

一、判断题（正确的打“√”，错误的打“×”）

1. 管理会计的成本是按与业务量的关系分类的。（ ）
2. 变动成本总额随业务量的增减成正比例变动，而单位业务量的变动成本是不变的。（ ）
3. 广义的成本包括生产成本和期间费用。（ ）
4. 管理费用属于变动成本。（ ）
5. 制造费用属于固定成本。（ ）

二、单项选择题（请将最佳选项代号填入括号中）

1. 下列属于变动成本的是（ ）。
A. 直接材料成本 B. 固定制造费用
C. 销售费用 D. 财务费用
2. 下列属于固定成本的是（ ）。
A. 水电费 B. 折旧费 C. 工人工资 D. 维修费用
3. 同时含有变动成本和固定成本的成本是（ ）。
A. 管理费用 B. 人工成本
C. 销售费用 D. 财务费用

三、多项选择题（每题有两个或两个以上的答案，请将正确选项代号填入括号中）

1. 下列属于工业企业固定成本的是（ ）。
A. 管理人员薪酬 B. 广告宣传费
C. 招待费 D. 燃料费
2. 下列属于工业企业变动成本的是（ ）。
A. 管理费用 B. 制造费用
C. 生产工人薪酬 D. 工具消耗
3. 商业企业的变动成本有（ ）。
A. 销售商品进价成本 B. 销售人员提成工资
C. 店面租金 D. 售后服务费
4. 餐饮服务企业的固定成本有（ ）。
A. 饮食材料成本 B. 水电费
C. 营业人员薪酬 D. 保险费
5. 运输企业的变动成本有（ ）。
A. 加油费 B. 车辆维修费
C. 车辆保险费 D. 车辆折旧费

四、案例分析计算题

1. 乡村汉堡店主营汉堡、炸鸡块、薯条三种食品。店面设在镇中心，铺面年租金为15 000元。设有厨师、服务员、收银员各一名，厨师每年工资为28 000元，服务员和收银员每年基本工资各为16 000元。服务员和收银员基本工作量为销售食品共计10万份，超出部分按每100份发40元奖金计算。该店某年度销售汉堡30 000份，炸鸡块25 000份，薯条50 000份；当年原材料费用为：汉堡36 300元，炸鸡块28 000元，薯条12 800元。

请问该汉堡店当年变动成本总额为多少？固定成本总额为多少？

2. 有一个养鸡场，鸡舍每年折旧费为20 000元，工人工资为每饲养1只鸡2元/年。当年养鸡10 000只，全年饲料成本共80 000元，每年照明电费5 000元。

请计算全年固定成本总额、变动成本总额和每只鸡的变动成本。

3. 某民办学校校舍是租入的，每年租金为200 000元。管理人员年工资总额为60 000元，现有学生500人（师生比例为1:16），聘任教师年工资为500 000元，年水电费为50 000元。

试确定该学校年固定成本总额、变动成本总额和每个学生的平均变动成本。

项目三　学会利润核算

项目导航

管理会计的利润核算原理与财务会计不同，它是以管理会计的成本分类为基础，揭示了利润形成的实质和原理，对于企业利润规划和预测很有帮助。

学习目标

- 掌握管理会计利润计算的原理
- 理解和掌握利润核算中的相关概念及其计算方法
- 掌握本量利经典公式的运用
- 学会利用本量利公式预测及规划利润
- 学会测算保本点并进行经营安全性分析

主要内容

- 按管理会计的原理计算利润
- 利用本量利公式进行利润预测和规划
- 测算保本点并分析经营安全性，预防经营风险

具体任务

任务一　按管理会计计算利润
任务二　学会利润预测
任务三　学会利润规划
任务四　测算保本点
任务五　分析经营安全性

任务一　按管理会计计算利润

任务要求

1. 理解贡献毛益的概念
2. 理解和掌握贡献毛益额、贡献毛益率的计算公式

3. 理解和掌握管理会计的利润计算原理
4. 熟练掌握本量利公式的计算方法

知识储备

管理会计计算利润的思路与财务会计不同。财务会计计算利润的方法为收入减去全部成本费用；而管理会计计算利润的方法是首先用收入减去变动成本计算出贡献毛益，再用贡献毛益减去固定成本后的剩余部分即为利润。

一、贡献毛益

所谓贡献毛益，又称“边际收益”、“边际贡献”、“边际利润”，是指销售（营业）收入减去变动成本后的差额，即毛利润的意思。可按单位产品计算或全部产品综合计算。贡献毛益有两种表现形式，用绝对数表示为贡献毛益额，用相对数表示为贡献毛益率。

> **温馨提示**
> 贡献毛益率反映产品的盈利能力。

（1）贡献毛益额的计算方法如下。

单位贡献毛益=单位售价−单位变动成本

贡献毛益总额=销售（营业）收入总额−变动成本总额

=单位贡献毛益×销售（业务）量

（2）贡献毛益率的计算方法如下。

$$\text{贡献毛益率}=\frac{\text{贡献毛益总额}}{\text{销售收入总额}}\times 100\%$$

或：

$$\text{贡献毛益率}=\frac{\text{单位贡献毛益}}{\text{单位售价}}\times 100\%$$

【例 3-1】某工业企业生产一种产品，今年销售 12 000 件，每件产品售价为 160 元，每件变动成本为 120 元，全年固定成本总额为 280 000 元。

根据贡献毛益额计算公式，可得：

单位贡献毛益=160−120=40（元）

贡献毛益总额=12 000×160−12 000×120=480 000（元）

或： 贡献毛益总额=40×12 000=480 000（元）

根据贡献毛益率计算公式，可得：

$$\text{贡献毛益率}=\frac{480\,000}{12000\times 160}\times 100\%=25\%$$

或：

$$\text{贡献毛益率}=\frac{40}{160}\times 100\%=25\%$$

【例 3-2】某手机营业部销售一款手机，今年销售 3 000 部，每部手机售价为 2 500 元，每部手机的进价成本为 2 200 元，全年店面租金和营业员固定工资共计 520 000 元。

根据贡献毛益额计算公式，可得：

单位贡献毛益=2 500−2 200=300（元）

贡献毛益总额=300×3 000=900 000（元）

或：　贡献毛益总额=3 000×2 500−3 000×2 200=900 000（元）

根据贡献毛益率计算公式，可得：

$$贡献毛益率=\frac{900\,000}{3\,000\times 2\,500}\times 100\%=12\%$$

或：
$$贡献毛益率=\frac{300}{2\,500}\times 100\%=12\%$$

【例 3-3】某快餐店销售一种快餐，全年销售 96 000 份，每份快餐的售价是 15 元，每份快餐的原料和加工成本为 11 元，全年店面租金和工作人员固定工资共计 100 000 元。

根据贡献毛益额计算公式，可得：

单位贡献毛益=15−11=4（元）

贡献毛益总额=4×96 000=384 000（元）

或：　贡献毛益总额=15×96 000−11×96 000=384 000（元）

根据贡献毛益率计算公式，可得：

$$贡献毛益率=\frac{384\,000}{15\times 96\,000}\times 100\%=26.7\%$$

或：
$$贡献毛益率=\frac{4}{15}\times 100\%=26.7\%$$

二、利润的计算

按管理会计的原理，利润是贡献毛益偿付固定成本后的剩余部分，其公式为

营业利润=贡献毛益−固定成本

也就是：

营业利润=销售（营业）收入总额−变动成本总额−固定成本总额

=销售单价×销售（业务）量−单位变动成本×销售（业务）量−固定成本总额

=（销售单价−单位变动成本）×销售（业务）量−固定成本总额

设固定成本总额为 a，单位变动成本为 b，销售（业务）量为 x，销售单价为 p，营业利润为 m，则营业利润的计算方法可表示为

$$m=(p-b)x-a$$

该公式称为本量利公式或方程式。根据本量利公式，可以分别计算出【例 3-1】至【例 3-3】

的全年营业利润。

在【例 3-1】中，该企业全年营业利润为

营业利润=160×12 000−120×12 000−280 000=200 000（元）

或：　营业利润=（160−120）×12 000−280 000=200 000（元）

在【例 3-2】中，该手机营业部全年营业利润为

营业利润=2 500×3 000−2 200×3 000−520 000=380 000（元）

或：　营业利润=（2 500−2 200）×3 000−520 000=380 000（元）

在【例 3-3】中，该快餐店全年营业利润为

营业利润=15×96 000−11×96 000−100 000=284 000（元）

或：　营业利润=（15−11）×96 000−100 000=284 000（元）

如果企业同时生产销售多种产品或商品时，本量利公式又可进一步推广为

营业利润=各产（商）品贡献毛益总额−固定成本总额

即：　$m=\sum(p-b)x-a$

【案例讨论】某企业生产三种产品，全年固定成本为 180 000 元，有关资料见表 3-1。

表 3-1　三种产品销售资料

产　品	销售单价/元	单位变动成本/元	销售量/件
甲	900	720	400
乙	2 000	1 800	800
丙	1 000	600	200

请计算该企业全年营业利润。

计算过程与结果

任务二　学会利润预测

任务要求

1. 掌握本量利公式的应用
2. 运用本量利公式进行利润预测

知识储备

利润预测是企业经营预测的一个重要方面，它是在销售预测的基础上，通过对产品的销售数量、价格水平、成本状况进行分析和测算，预测出企业未来一定时期的利润水平。

【例 3-4】某企业今年生产并销售游戏卡 6 000 件，销售单价为 100 元，每件变动生产销售成本为 80 元，全年固定成本总额为 100 000 元。估计明年销售量比今年增加 1 300 件，若单价与成本水平不变，请预测明年将实现多少利润。

根据本量利公式得知，要预测利润必须依据销售量、销售单价、单位变动成本、固定成本总额几项数据。

首先计算明年的销售量。

明年销售量=6 000+1 300=7 300（件）

则：明年的预测利润=（100−80）×7 300−100 000=46 000（元）

【例 3-5】某专卖店销售 A 商品，该商品单位进价为 5.3 元，售价为 10 元，全年固定成本总额为 680 000 元，在正常情况下，每年可销售 200 000 件。第二年拟降价 10%，预计可增加销售量 30%，对成本水平（包括固定成本总额和单位进价成本）不会产生影响。

请预测第二年降价后的营业利润。

首先计算出第二年降价后的单价、销售量。

单价=10×（1−10%）=9（元）

销售量=200 000×（1+30%）=260 000（件）

再计算出第二年降价后的预测营业利润。

营业利润=（9−5.3）×260 000−680 000=282 000（元）

【案例讨论】某快餐店推出一种新品套餐，新套餐售价 20 元，每份套餐的变动成本为 12 元。产品推出第一年，由于消费者对新产品缺乏认识，销售情况不佳，只售出了 12 800 份，该店全年固定成本 85 400 元，仅实现利润 17 000 元。为了打开市场，扩大影响，公司决定加大宣传力度，第二年在各大媒体上为该套餐刊登广告，共支付广告费 26 000 元。同时调整新套餐的售价，在原售价基础上降低 10%。在一系列措施的刺激下，预计销售量可比第一年增长 2 倍。

请预测第二年的营业利润。

计算过程与结果

任务三　学会利润规划

任务要求

1. 理解销售量、销售单价、单位变动成本和固定成本对利润的影响
2. 运用本量利公式规划实现目标利润的具体措施

知识储备

利润规划就是运用本量利公式中利润与销售量、销售单价、单位变动成本和固定成本之间的数量关系，计算并确定实现目标利润的措施。

【例 3-6】某工业企业生产和销售一种产品，本年销售量为 60 000 件，销售单价为 27 元，单位变动成本为 15 元，年固定成本为 300 000 元，本年实现营业利润为 420 000 元。该企业根据生产能力及市场需求状况将下一年度目标利润定为 600 000 元。为了这个目标利润，企业应该采取哪些措施呢？

根据本量利公式：

$$营业利润=（销售单价-单位变动成本）\times 销售量-固定成本$$

营业利润分别受到销售量、销售单价、单位变动成本和固定成本这四个因素的影响。所以，下一年度要实现更高的利润目标，可以分别对每个因素来采取措施，也可以对四个因素综合采取措施。

（1）销售量规划。根据本量利公式，可得：

$$销售量=\frac{营业利润+固定成本}{销售单价-单位变动成本}$$

所以，**【例 3-6】**中的销售量规划如下：

$$销售量=\frac{600\ 000+300\ 000}{27-15}=75\ 000（件）$$

当其他条件不变的情况下，销售量达到 75 000 件，即比上年度增加 15 000 件时，目标利润就能顺利实现。

（2）销售单价规划。根据本量利公式，可得：

$$销售单价=\frac{营业利润+固定成本}{销售量}+单位变动成本$$

所以，**【例 3-6】**中销售单价规划如下：

$$销售单价=\frac{600\ 000+300\ 000}{60\ 000}+15=30（元）$$

当其他条件不变的情况下，产品销售价格达到 30 元，即比上一年度提高 3 元时，目标利润就能顺利实现。

（3）单位变动成本规划。根据本量利公式，可得：

$$单位变动成本=销售单价-\frac{营业利润+固定成本}{销售量}$$

所以，【例 3-6】中单位变动成本规划如下：

$$单位变动成本=27-\frac{600\ 000+300\ 000}{60\ 000}=12（元）$$

当其他条件不变的情况下，产品的单位变动成本降低到 12 元，即比上一年度降低 3 元时，目标利润就能顺利实现。

（4）固定成本规划。根据本量利公式，可得：

固定成本=（销售单价−单位变动成本）×销售量−营业利润

所以，【例 3-6】中固定成本规划如下：

固定成本=（27−15）×60 000−600 000=120 000（元）

当其他条件不变的情况下，企业的固定成本如果能降低到 120 000 元，即比上一年度降低 180 000 元时，目标利润就能顺利实现。

温馨提示

利用本量利公式计算出来的结果并不是需要调整的量，和以前的量做比较之后才是需要调整的量。

（5）综合措施规划。为了达到目标利润额，对影响利润的各个因素逐个分析，并假定考虑某一因素时，其他因素都保持不变。那么如果四个因素中有多个因素一起变动该怎么办呢？这个时候就需要进行综合措施规划。

【例 3-7】某工业企业上年产品销售量为 30 000 件，销售单价为 8 元，单位变动成本为 5.5 元，年固定成本为 50 000 元，全年营业利润为 25 000 元。现拟将本年营业利润目标定为 30 000 元。那么各因素应怎样规划？

措施：①采用薄利多销策略，降价 5%，销售量估计可增加 10%；②节约消耗，单位变动成本降低 0.1 元。

根据规划首先计算出各因素将达到的数值：

销售单价=8×（1−5%）= 7.6（元）

销售量=30 000×（1+10%）=33 000（件）

单位变动成本=5.5−0.1=5.4（元）

采取上述措施后，固定成本应为

固定成本=（7.6−5.4）×33 000−30 000=42 600（元）

即固定成本必须压缩到 42 600 元，才可实现利润目标。

任务四　测算保本点

任务要求

1. 理解保本点的原理
2. 掌握单品种保本点的测算方法
3. 掌握多品种保本点的测算方法

知识储备

企业处于盈亏平衡、利润为零时的销售量（额）或业务量，称之为保本点。销售量（额）或业务量超过保本点才能盈利，低于保本点就要亏损。因此，保本点就是企业经营的风险临界点，这是企业管理者必须明确的。由于企业生产经营的产品或商品有单一品种和多品种两种情况，所以测算保本点的方法也分单品种和多品种保本点测算两种。

一、单品种的保本点测算

单品种的保本点测算就是只有一种产品或商品时的保本点测算。

【例 3-8】某专卖店销售 A 商品，A 商品的每件进价成本为 10 元，每件的销售价格为 15 元，店面年租金和店员工资等固定成本总额为 20 000 元。那么该商品的年销售量达到多少的时候才能不亏本呢？

所谓“不亏本”，就是贡献毛益正好能弥补固定成本支出，此时营业利润为零。根据本量利公式：

$$\text{营业利润}=(\text{销售单价}-\text{单位变动成本})\times\text{销售量}-\text{固定成本}$$

可得：

$$(\text{销售单价}-\text{单位变动成本})\times\text{销售量}-\text{固定成本}=0$$

此时的销售量应为

$$\text{销售量}=\frac{\text{固定成本}}{\text{销售单价}-\text{单位变动成本}}=\frac{20\,000}{15-10}=4\,000\text{（件）}$$

$$\text{销售额}=15\times4\,000=60\,000\text{（元）}$$

此时，贡献毛益总额为 5×4 000=20 000（元），正好等于固定成本 20 000 元，营业利润为 0。

这就是说，A 商品年销售量至少要达到4 000件（或销售额达到60 000元），才能保本，即实现盈亏平衡。若少于4 000件就要亏损，大于4 000件才能盈利。

> **想一想**
>
> 如果 A 商品的销售量分别为 3 000 件、4 000 件、5 000 件时，该专卖店的盈亏额分别为多少？试证明【例 3-8】中的结论。

从本例中可以得出，单一品种的保本销售量和保本销售额的计算公式如下：

$$保本销售量=\frac{固定成本}{销售单价-单位变动成本}$$

$$保本销售额=保本销售量\times 销售单价$$

二、多品种的保本点测算

当企业生产或经营多种产（商）品时，单品种保本点分析的基本原理仍然适用。但需要用综合销售额计算。

根据：

$$保本销售额=保本销售量\times 销售单价$$

可得：

$$保本销售额=\frac{固定成本}{销售单价-单位变动成本}\times 销售单价$$

$$=\frac{固定成本}{单位贡献毛益\div 销售单价}$$

$$=\frac{固定成本}{贡献毛益率}$$

因此，多品种的保本销售额计算方法为

$$综合保本销售额=\frac{固定成本}{综合贡献毛益率}$$

$$综合贡献毛益率=\sum 各品种贡献毛益率\times 占销售额比重$$

$$某产（商）品保本销售额=综合保本销售额\times 该产（商）品占销售额比重$$

$$某产（商）品保本销售量=某产（商）品保本销售额\div 该产（商）品销售单价$$

【例 3-9】某企业生产甲、乙、丙三种产品，全年固定成本为292 000元，各产品计划年度预计销售量、销售单价、单位变动成本等有关资料见表3-2。那么该企业三种产品计划年度综合保本销售额及各种产品的保本销售额和保本销售量是多少？

> **温馨提示**
>
> 多品种时，不能直接计算保本销售量，应先计算保本销售额。

表 3-2　各产品的销售量、销售单价、单位变动成本及计算资料

项目 产品	预计销售量 ①	销售单价/元 ②	单位变动成本/元 ③	贡献毛益率（%） ④=（②-③）÷②	销售额/元 ⑤=②×①
甲	80 000 件	8	6	25	640 000
乙	20 000 台	18	9	50	360 000
丙	100 000 件	10	7	30	1 000 000
合　计	—	—	—	—	2 000 000

首先根据资料计算出各个产品的销售额和贡献毛益率。由于是多种产品，无法用销售量来计算保本点，因此必须用销售额计算。

1）计算三种产品的占销售额比重。

甲产品的销售结构比重=640 000÷2 000 000×100%=32%

乙产品的销售结构比重=360 000÷2 000 000×100%=18%

丙产品的销售结构比重=1 000 000÷2 000 000×100%=50%

2）计算三种产品的综合贡献毛益率（加权平均）。

综合贡献毛益率=∑各品种贡献毛益率×占销售额比重

=25%×32%+50%×18%+30%×50%=32%

3）计算综合保本销售额。

$$综合保本销售额=\frac{固定成本}{综合贡献毛益率}=\frac{292\ 000}{32\%}=912\ 500（元）$$

4）按销售额比重计算各产品的保本销售额和保本销售量。

甲产品保本销售额=912 500×32%=292 000（元）

甲产品保本销售量=292 000÷8=36 500（件）

乙产品保本销售额=912 500×18%=164 250（元）

乙产品保本销售量=164 250÷18=9 125（台）

丙产品保本销售额=912 500×50%=456 250（元）

丙产品保本销售量=456 250÷10=45 625（件）

任务五　分析经营安全性

任务要求

1. 理解安全边际的概念
2. 掌握利用安全边际分析企业经营安全性的方法
3. 理解安全边际率的作用

知识储备

经营安全性就是企业经营风险的大小。经营风险越大，经营越不安全；经营风险越小，经营就越安全。而经营风险的临界点就是保本点，所以销售量（额）或业务量超过保本点越远，经营就越安全；低于保本点越远，经营就越不安全。

【例 3-10】某企业生产乙产品，该产品销售单价为 110 元，单位变动成本为 80 元，全年固定成本总额为 108 000 元，预计本年度销售量为 5 000 台。请问该产品的保本销售量和保本销售额是多少？本年度预计的销售量是否安全？为什么？

根据本例资料，可以首先计算出保本销售量和保本销售额：

$$保本销售量=108\ 000÷（110-80）=3\ 600（台）$$

$$保本销售额=3\ 600×110=396\ 000（元）$$

企业乙产品的年度预计销售量为 5 000 台，超过保本销售量 1 400 台，此时的利润为：

$$利润=5\ 000×（110-80）-108\ 000=42\ 000（元）$$

预计实际销售量超过保本销售量的部分称为安全边际，即

$$安全边际=实际销售量（额）-保本销售量（额）$$

安全边际越大，越不易亏损，企业经营越安全。

本例中： $安全边际=5\ 000-3\ 600=1\ 400（台）$

但由于安全边际是绝对数，不能用于衡量比较经营的安全程度，因此要用相对数——安全边际率来衡量比较经营的安全程度。安全边际率越高，经营安全程度越高，经营风险越小。

$$安全边际率=\frac{安全边际}{实际销售量（额）}×100\%$$

本例中：

$$安全边际率=\frac{1\ 400}{5\ 000}×100\%=28\%$$

安全边际率达到 28%，说明企业经营比较安全。

【例 3-11】依【例 3-9】，多种产品综合保本销售额为 912 500 元，而该企业计划销售额为 2 000 000 元。

根据安全边际和安全边际率的计算方法，可以得出：

$$安全边际=2\ 000\ 000-912\ 500=1\ 087\ 500（元）$$

$$安全边际率=\frac{1\ 087\ 500}{2\ 000\ 000}×100\%=54.4\%$$

安全边际率达到 54.4%，说明该企业经营很安全。

安全边际对企业来说非常重要，其中又以安全边际率指标为首，它表明了产品的盈利空间，即当销售量下降超过这个空间时就会发生亏损。安全边际越大，说明企业获利的空间越大，安全性也就越高。安全边际率是个相对指标，所以运用的范围很广，各行各业都可以运用它来进行经营安全性的检测。安全边际率没有绝对的标准，一般情况下可以参照表 3-3 进行对比分析，然后根据不同行业的特点加以综合考虑。

表 3-3　评价企业安全性的检验标准

安全边际率	10%以下	10%～20%	20%～30%	30%～40%	40%以上
安全程度	危险	要注意	比较安全	安全	很安全

通常情况下，同类的产品价格一般相当，那么成本低的贡献毛益就多，保本点低，安全边际率比较高，企业在竞争中就处于有利地位。反之，成本高的贡献毛益少，保本点高，安全边际率自然比较低，企业在竞争中就处于被动地位。此外，对于不同类别、性质的产品而言，安全边际率要求也有差异。生活必需品由于社会需求较稳定，安全边际率低一点也没有多大的风险；而非生活必需品由于社会对此类产品的需求波动比较大，安全边际率就需要比较高，否则风险较大。

> **温馨提示**
>
> 多品种时，用销售额计算安全边际。

项目总结

本项目学习了管理会计的利润核算。在将成本分为变动成本和固定成本的基础上，管理会计的利润计算原理为

贡献毛益=销售（营业）收入−变动成本

营业利润=贡献毛益−固定成本

根据这一利润计算原理，可得到本量利公式

营业利润=（销售单价−单位变动成本）×销售（业务）量−固定成本

利用本量利公式，可以根据影响利润的各因素进行利润预测；还可以规划实现目标利润的措施，包括销售量规划、销售单价规划、单位变动成本规划、固定成本规划和综合措施规划。

利用本量利公式，可以测算企业经营的保本点，以明确经营风险临界点。保本点测算方法包括单品种保本点测算和多品种保本点测算。单品种保本点可用销售量表示；多品种保本点要用销售额表示，也可进一步分解换算为各品种的保本点销售额和销售量。

实际销售量或销售额超过保本点的部分为安全边际，安全边际与实际销售量或销售额的比率为安全边际率。安全边际率越高，企业经营安全程度越高，经营风险越小。

训　练　题

一、判断题（正确的打“√”，错误的打“×”）

1. 利润就是贡献毛益超过固定成本的部分。（　）
2. 贡献毛益是营业收入与变动成本的差额。（　）
3. 贡献毛益率是贡献毛益与变动成本的比率。（　）
4. 保本点就是利润为零时的总成本。（　）
5. 安全边际就是实际销售量超过保本点的部分。（　）

二、单项选择题（请将最佳选项代号填入括号中）

1. 管理会计利润的计算方法是（　　）。

A. 收入–成本　　B. 收入–变动成本

C. 收入–固定成本　　D. 贡献毛益–固定成本

2. 固定成本越大，保本点（　　）。

A. 越高　　B. 越低　　C. 不变　　D. 可低可高

3. 保本点越高，经营风险（　　）。

A. 越小　　B. 越大　　C. 不变　　D. 可能大

4. 安全边际越大，经营风险（　　）。

A. 越大　　B. 越小　　C. 不变　　D. 可能小

5. 反映产品盈利能力的指标是（　　）。

A. 变动成本　　B. 固定成本　　C. 贡献毛益总额　　D. 贡献毛益率

三、多项选择题（每题有两个或两个以上的答案，请将正确选项代号填入括号中）

1. 属于业务量具体形式的有（　　）。

A. 产量　　B. 销售量

C. 货运量　　D. 营业收入额

2. 影响利润的因素有（　　）。

A. 业务量　　B. 单位变动成本

C. 单位业务量价格　　D. 固定成本

3. 贡献毛益的表现形式有（　　）。

A. 贡献毛益总额　　B. 单位贡献毛益

C. 贡献毛益率　　D. 利润

4. 保本点的表现形式有（　　）。

A. 销售量　　B. 销售额　　C. 贡献毛益　　D. 利润

四、案例分析计算题

1. 某企业生产销售一种产品，单位产品售价为 5 元，单位产品变动成本为 3 元，每月固定成本为 32 000 元，本月预计销售量为 20 000 件。

（1）计算该产品的单位贡献毛益和贡献毛益率。

（2）计算本月可实现的贡献毛益总额。

（3）预测本月的营业利润。

（4）该企业通过调查，认为单位产品售价如提高到 5.5 元，预计本月可销售产品 18 000 件，请重新预测本月的营业利润。

（5）该企业通过调查认为由于出现了一些新的情况，单位产品的售价将降低到 4.6 元，同时每月还需增加广告费 4 000 元，请重新预测本月的营业利润。

2. 某企业生产销售一种产品，产品单位售价为 30 元，单位变动成本为 20 元，全年固定成本总额为 40 000 元，上一年度销售 20 000 件，营业利润为 160 000 元。根据目前该产品的市场状况及自身生产能力分析，拟将下一年度的目标利润在上一年度利润的基础上提高 10%。

请规划该企业可以分别采取哪些措施，才能实现目标利润？

3. 某企业生产A产品，A产品的单位变动成本为10元，年固定成本为20 000元，市场上A产品每件的销售价格为15元。

（1）测算该产品的保本销售量和保本销售额。

（2）如果本年度销售量能达到6 000件，该企业是否能盈利？利润为多少？

（3）计算本年度安全边际和安全边际率，并进行经营安全性评价。

4. 某企业生产销售A、B两种产品，其本年度的有关资料见表3-4：

表3-4　A、B产品有关资料

指　　标	A产品	B产品
单价/元	100	120
单位变动成本/元	60	70
销售量/件	10 000	8 000
固定成本/元	500 000	

（1）测算该企业综合保本销售额及A、B产品的保本销售额和保本销售量。

（2）计算本年度的盈亏额。

（3）计算本企业目前的安全边际和安全边际率，进行经营安全性评价。

项目四　作出经营决策

项目导航

管理会计将成本分为变动成本和固定成本，提供了一种新的决策思路，可以解决很多企业经营管理中遇到的决策问题，得出科学的、正确的决策结论。

学习目标

- 理解常见经营决策问题的决策思路
- 学会常见经营决策问题的决策分析方法
- 掌握常见经营决策问题的决策规律

主要内容

- 经营决策问题的种类
- 经营决策的原理和方法

具体任务

任务一　作出生产销售何种产品的决策
任务二　作出产品最优组合的决策
任务三　作出产品是否深加工的决策
任务四　作出是否接受追加订货的决策
任务五　作出亏损产品停产或转产的决策
任务六　作出产品定价决策
任务七　作出生产任务分配的决策
任务八　作出零部件自制与外购的决策
任务九　作出设备选用的决策

任务一 作出生产销售何种产品的决策

任务要求

1. 区分决策无关成本和相关成本
2. 理解剩余贡献毛益的应用
3. 理解和掌握不确定型决策的原理和期望值的计算
4. 掌握利用剩余生产能力生产何种产品决策的原则和方法
5. 掌握利用新增生产能力生产何种新产品决策的原则和方法

知识储备

在工商企业中会遇到应当生产或销售哪种产品的问题，这时应根据固定成本不随生产销售量变动的原理，排除无关成本，只考虑有关成本，以贡献毛益大小来比较选择应生产或销售的产品。这类决策问题包括利用剩余生产能力和新增生产能力两种类型。

一、利用剩余生产能力生产何种产品的决策

利用剩余生产能力，就是在不增加生产设备、设施的情况下，运用尚未充分利用的现有生产条件生产新的产品。

【例 4-1】某工业企业现有剩余年生产能力 30 000 台时，现拟利用剩余生产能力生产甲产品或乙产品。甲产品需 60 台时/件，销售单价为 60 元，单位变动成本需 50 元；乙产品需 40 台时/件，销售单价为 50 元，单位变动成本需 40 元。现在每年固定成本为 20 000 元。请问应生产哪种产品？

由于是利用剩余生产能力，不会增加新的固定成本，并且不管剩余生产能力是否利用，现有年固定成本 20 000 元仍然存在，所以现有固定成本为无关成本，不需考虑。所以只需选择能提供较多贡献毛益的产品，即能创造较多利润的产品，就是最佳选择。计算分析见表 4-1。

表 4-1 利用剩余生产能力生产计算分析表

项 目	甲 产 品	乙 产 品
可生产产量/件	500	750
单价/元	60	50
单位变动成本/元	50	40
单位贡献毛益/元	10	10
可提供贡献毛益总额/元	5 000	7 500

从计算结果可知，生产乙产品的贡献毛益较大，所以应选择乙产品生产。

由本例可总结出此种问题的决策思路和原则。利用剩余生产能力生产新产品时，不会增加固定成本，原有固定成本是不变的，所以选择提供贡献毛益较大的产品生产就可以了，这就是贡献毛益比较法。如果生产某种产品需增加专属固定成本，则应选择提供剩余贡献毛益较大的产品。

若【例 4-1】中生产乙产品需要新的配套设备，需增加专属固定成本——年折旧费 3 000 元，则乙产品的年剩余贡献毛益为 4 500（7 500–3 000）元，小于甲产品的年贡献毛益。这时，就应选择甲产品生产。

> **概念提示**
>
> 专属固定成本就是专为某个备选产（商）品所特有的固定成本。
>
> 剩余贡献毛益就是贡献毛益减去专属固定成本后的剩余部分。

【案例讨论】某商场营业面积目前实际利用率只有 80%，现准备利用剩余营业面积经销新的商品。现有两种商品可供选择，两种商品的有关数据如下：甲商品每年可销售 2 000 件，进价为 50 元/件，销售价为 62 元/件；乙商品每年可销售 5 000 件，进价为 30 元/件，销售价为 36 元/件。店面年租金为 12 000 元。请作出应经销甲商品或乙商品的决策。

决策过程和结论

二、新增生产能力生产何种新产品的决策

若企业准备投资购置新生产设备开发新产品，或准备经销新的商品等经营项目，需要对产品或商品等经营项目进行选择，就属于新增生产能力生产何种新产品的决策问题。

【例 4-2】某公司准备投资购买新设备开发新产品，该设备为通用设备，可加工多种产品。现有两种产品可供选择：甲产品，预计售价 40 元/件，单位变动成本 15 元；乙产品，预计售价 60 元/件，单位变动成本 30 元。甲、乙产品预计可能的年销售量和相应概率见表 4-2。

表 4-2　甲、乙产品可能的年销售量和相应概率

甲 产 品		乙 产 品	
年销售量/件	概率（%）	年销售量/件	概率（%）
900	10	700	10
1 000	10	900	20
1 100	30	1 000	20
1 300	30	1 100	40
1 500	20	1 300	10

由于新产品的市场销售状况不确定，我们只能分别计算两种备选产品可能的期望利润

额，以期望利润较大的产品为优。由于不论生产哪种新产品，使用的是同一设备，所以其使用设备的折旧费（固定成本）是相同的。因此，固定成本不需考虑，只需比较哪个贡献毛益较大即可。

> **概念提示**
>
> 概率即一个事件发生的可能性大小的程度。
>
> 期望值就是在各种可能性存在条件下的平均值。

计算如下：

甲产品年销售量期望值=900×0.1+1 000×0.1+1 100×0.3+1300×0.3+1 500×0.2 =1 210（件）

乙产品年销售量期望值=700×0.1+900×0.2+1 000×0.2+1 100×0.4+1 300×0.1=1 020（件）

甲产品期望年贡献毛益=（40−15）×1 210 =30 250（元）

乙产品期望年贡献毛益=（60−30）×1 020 =30 600（元）

可知，乙产品的期望年贡献毛益较大，故应生产乙产品。

此类问题的特点是：新产品的市场销售状况不确定。这种决策就属于不确定型决策，适合采用概率分析法，即分别计算各种备选产品的期望收益额，以期望收益较大的产品为优。

由【例 4-2】可总结出新增生产能力生产产品问题的决策思路和原则。如果备选产品使用的设备是相同的，则其使用设备的固定成本是相同的，这时固定成本为无关成本不需考虑，只需比较贡献毛益即可。如果不同产品使用的设备不同，则必须考虑各种产品使用设备的固定折旧成本。这时，固定成本为相关成本，则应减去专属固定成本，以各自的剩余贡献毛益来比较。

在【例 4-2】中，如果生产甲产品的设备年折旧成本为 5 000 元，生产乙产品的设备年折旧成本为 6 000 元。则：

甲产品期望剩余贡献毛益=30 250 −5 000 =25 250（元）

乙产品期望剩余贡献毛益=30 600 −6 000 =24 600（元）

可见，甲产品的期望剩余贡献毛益较大，因此应生产甲产品。

【案例讨论】李某打算租一店面专门经销某种商品，现有两种商品可以选择：甲商品，每件进价为 1 000 元，售价为 1 300 元；乙商品，每件进价为 2 000 元，售价为 2 500 元。店面年租金为 10 000 元。若经销乙商品，要对店面进行特殊装修，需投资 10 000 元。店面租期为 5 年。预计两种商品的销售状况见表 4-3。

表 4-3 两种商品的销售状况

销售状况	甲商品		乙商品	
	年销售量/件	概率（%）	年销售量/件	概率（%）
好	300	40	200	40
一般	200	50	150	40
差	100	10	100	20

请作出应销售甲商品或乙商品的决策。

决策过程和结论

任务二　作出产品最优组合的决策

任务要求

1. 了解生产能力和台时的含义
2. 理解生产能力的利用效益
3. 掌握产品产量最优组合决策的原则和方法

知识储备

企业在生产多种产品的情况下，怎样安排各种产品的生产量，才能使利润最大，这就是产品最优组合的决策问题。产品的最优组合，就是在企业生产能力、市场销售等条件允许的情况下，合理确定各产品的产量，使收益最大。

【例 4-3】某企业生产甲、乙两种产品，该企业年生产能力为 6000 台时。试问两种产品每年分别生产多少件，才能获得最多的利润？甲、乙产品生产和销售资料见表 4-4。

表 4-4　甲、乙产品生产和销售资料

项　目	甲 产 品	乙 产 品
单位产品台时定额/台时	6	9
销售单价/元	200	380
单位变动成本/元	110	200
每年市场销售量/件	无限制	≤360

由于企业的生产能力即生产设备的数量是一定的，生产的固定成本是既定的，不论各产品的生产量如何安排，固定成本总是不变的，因而固定成本是不需要考虑的。因此，能使贡献毛益最大的产量组合也就是利润最大的产量组合，即最优的产品组合。

这一问题，首先要看各产品的生产效益，即每台时可创造的贡献毛益，然后尽量多生产效益高的产品，即可创造最多的贡献

概念提示

生产能力就是企业生产设备每年可完成的最大工作量。

台时是表示机器设备工作量的单位，1 台设备工作 1 小时的工作量为 1 台时。设备数量与工作小时数的乘积就是设备的总工作量台时数。

毛益，这种产量安排就是最优的产品组合。

甲产品单位贡献毛益=200−110=90（元）

甲产品每台时创造贡献毛益=90÷6=15（元）

乙产品单位贡献毛益=380−200=180（元）

乙产品每台时创造贡献毛益=180÷9=20（元）

可见，乙产品的每台时创造贡献毛益较甲产品大，即乙产品的生产效益高。所以应尽量多生产乙产品，生产能力应优先保证乙产品的需要。

由于乙产品的年市场销售限量为 360 件，因此乙产品每年应生产 360 件的最大产量，在满足乙产品的生产后，再将剩余的生产能力用来生产甲产品。

生产乙产品占用的生产能力=9×360=3 240（台时）

生产乙产品后剩余的生产能力=6 000−3240=2 760（台时）

剩余的生产能力可生产甲产品=2 760÷6=460（件）

由于甲产品市场销售无限制，所以最优的产品组合为每年生产甲产品 460 件、乙产品 360 件，可使利润最大。

最优组合的年贡献毛益总额=90×460+180×360=106 200（元）

这类问题的决策原则是：尽可能多地生产效益高的产品，优先满足其对生产能力资源的需要，然后将剩余的生产能力资源用于生产效益较低的产品。这样可使生产能力资源的利用效益最大，利润最大。

【案例讨论】某农产品收购商某月签订了两份供货合同：一份是小麦供货合同，另一份是大豆供货合同。该收购商常年收购玉米，随时可以售出，无合同限量。该收购商本月只有收购资金 40 000 元，请问应如何安排三种商品的收购量，才能取得最大的利润？最大利润为多少？三种商品的相关资料见表 4-5。

表 4-5　三种商品的相关资料

商　　品	收购价/（元/kg）	售出价/（元/kg）	成本利润率（%）	合同供货量/kg
小麦	1.6	1.8	12.5	10 000
大豆	2.0	2.4	20.0	5 000
玉米	1.0	1.1	10.0	无合同限量

决策过程和结论

任务三　作出产品是否深加工的决策

任务要求

1. 了解产品深加工的含义
2. 认识产品深加工后售价和成本的变化规律
3. 学会计算产品深加工增加的剩余贡献毛益
4. 掌握产品是否深加工问题决策的原则和方法

知识储备

在工业企业中，有的产品不是社会最终消费品，而是工业中间产品。这种工业中间产品，既可以立即出售，也可以进一步加工后再出售。例如棉纺厂生产的棉纱，既可以出售，也可以进一步加工成棉布后再出售。这就需要就企业对产品是否进一步深加工的问题作出决策。

【例 4-4】某企业每年可生产甲产品 30 000 件，其单位变动成本为 20 元，单位售价为 35 元。如果将甲产品进一步深加工后，单位售价可提高到 45 元，但同时单位变动成本需追加 5 元，增添加工设备而需增加折旧等固定成本每年 20 000 元。请作出甲产品是否进一步深加工的决策。

甲产品深加工后，每件售价提高了 10 元，而每件变动成本只增加 5 元，可以增加贡献毛益，是有利的。如果深加工后增加的贡献毛益超过了增加的固定成本，可以创造剩余贡献毛益（即利润），就是可行的。

深加工的计算分析如下：

增加单位售价=45−35=10（元）

增加单位贡献毛益=10−5=5（元）

增加贡献毛益总额=5×30 000=150 000（元）

增加剩余贡献毛益=150 000−20 000=130 000（元）

可见，深加工后每年可增加剩余贡献毛益 130 000 元。所以，甲产品应当进一步深加工。

这类问题的规律是：产品深加工后，售价会提高，但同时要增加材料、人工等变动成本，并且还需要增添新的设备，因而会增加固定成本。决策的原则是：深加工若能增加剩余贡献毛益，也就是能增加利润，就是可行的，否则就不应深加工。

【案例讨论】某商店现存有一批棉布 5 000 米，售价为 5 元/米。有人建议将这批布加工成被套后销售。这批布可加工成被套 500 件，外包加工费每件 5 元，被套每件售价为 70 元。请问该建议方案是否可行？

决策过程和结论

任务四　作出是否接受追加订货的决策

任务要求

1. 了解单位产品完全成本与变动成本的差别
2. 了解财务会计产品成本的核算方法
3. 理解在生产能力范围内追加产量，不增加固定成本的原理
4. 掌握有剩余生产能力时追加订货问题的决策原则和方法

知识储备

当企业的生产能力有剩余时，在剩余生产能力范围内接受追加订货，不会增加固定成本，因此不需考虑固定成本，只需考虑变动成本。

【例 4-5】某企业生产某种产品，年生产能力为 10 000 件，当年已接受订货任务 6 500 件，剩余生产能力 3 500 件，产品售价为 68 元/件。这家企业生产该产品的成本资料见表 4-6。

表 4-6　生产成本资料表

项　　目		单位成本/元
直接材料		20
直接人工		16
制造费用		20
其中：	变动费用	8
	固定费用	12
单位产品变动成本		44
单位产品完全成本		56

现有一客户又订货 3 000 件，出价每件 46 元，并且产品有特殊要求，需租入一台专用设备，年租金 4 000 元。请问是否应接受这批订货？

按一般观念，这批订货的出价46元/件，低于单位成本56元/件，每件要亏损10元，而且还要增加租金成本，显然是不可接受的。但按变动成本理论来看，这批订货是用剩余生产能力生产的，生产这批订货不会增加原有固定成本，即原有固定成本与追加订货无关，追加订货只与变动成本和专属固定成本有关，该批订货的出价高于单位变动成本，可以提供贡献毛益，只要扣除专属固定成本后有剩余贡献毛益，就可以增加企业的利润，就可以接受这批订货。

温馨提示

追加订货决策时，应当用订货价格与产品单位变动成本相比较。

计算分析如下：

追加订货的单位贡献毛益=46–44 =2（元）

追加订货的贡献毛益总额=2 ×3 000 =6 000（元）

剩余贡献毛益=6 000–4 000=2 000（元）

由于这批订货可提供剩余贡献毛益2 000元，所以应接受这批订货。

由【例 4-5】可总结出这类问题的决策思路和原则。当企业的生产能力有剩余时，如果有追加订货，当然应考虑接受，如果追加订货的出价大于或等于原订货价格，则应该接受；如果追加订货的出价低于原价格，但高于单位变动成本时，可以提供贡献毛益，就可以接受；若需要增加专属固定成本，只要可提供剩余贡献毛益（即利润）就可以接受。

【案例讨论】A企业生产某产品的年生产能力为12 000件，本年已签订了10 000件的供货合同，合同售价为1 200元/件。生产该产品的每件材料、直接人工、电费等变动成本为800元，年设备、厂房折旧等固定生产成本为2 000 000元，财务会计核算的包括固定生产成本的每件生产成本为1 000元。现有一客商有意与A企业签订2 000件的订货合同，但只肯出价900元/件。生产这批订货不需增加新设备。试作出是否签订这一合同的决策。

决策过程和结论

任务五　作出亏损产品停产或转产的决策

任务要求

1. 理解产品亏损的原因

2. 理解停产亏损产品后固定成本并不会减少
3. 懂得管理会计和财务会计对亏损产品的不同认识
4. 掌握亏损产品停产、转产或出租设备问题的决策原则和方法

知识储备

在财务会计的完全成本法下，有的产品可能亏损了，但按管理会计的观念，不一定是这个产品没有贡献，这个产品可能创造了贡献毛益，只是负担了固定成本才亏损的，所以是否停产或转产，还需进行分析。

【例 4-6】某工厂生产甲、乙、丙三种产品，有关资料见表 4-7。当年盈亏计算见表 4-8（固定成本按销售额比例分配）。乙产品当年亏损 2000 元。请作出乙产品是否停产或转产的决策。

表 4-7　产品资料表

项　　目	甲 产 品	乙 产 品	丙 产 品
销售量/件	1 000	500	400
单价/元	20	60	25
单位变动成本/元	9	46	15
固定成本/元		18 000	

表 4-8　盈亏计算表　　（单位：元）

项　　目	甲 产 品	乙 产 品	丙 产 品	合　计
销售收入	20 000	30 000	10 000	60 000
变动成本总额	9 000	23 000	6 000	38 000
贡献毛益总额	11 000	7 000	4 000	22 000
应分配固定成本	6 000	9 000	3 000	18 000
利润	5 000	–2 000	1 000	4 000

若停产乙产品，将失去 7000 元的贡献毛益，而设备闲置，固定成本总额不会减少，改由甲、丙产品负担。停产乙产品后的盈亏计算见表 4-9。

表 4-9　停产乙产品后的盈亏计算表　　（单位：元）

项　　目	甲 产 品	丙 产 品	合　计
销售收入	20 000	10 000	30 000
变动成本总额	9 000	6 000	15 000
贡献毛益总额	11 000	4 000	15 000
应分配固定成本	12 000	6 000	18 000
利润	–1 000	–2 000	–3 000

可见，停产乙产品后，企业的年利润将由盈利 4 000 元变为亏损 3 000 元。

造成这种情况的原因是停产了乙产品，就失去了 7 000 元的贡献毛益，而固定成本总额并未减少，所以失去 7 000 元的贡献毛益就是减少利润的金额。

按照变动成本理论，乙产品虽然亏损，但是提供了贡献毛益，就可以抵偿一部分固定成本。也就是说，乙产品对企业创造利润是作出了贡献的，而不是起反作用，所以就不应停产。停产只能减少利润，而不能增加利润。

> **温馨提示**
>
> 亏损产品并非没有贡献，停产不一定会增加利润。

所以，对亏损产品是否停产的决策，就是要看其是否能提供贡献毛益。若能提供贡献毛益，就不应停产；否则，就应该停产。

至于亏损产品是否应转产，就要看转产的产品是否能比亏损产品提供更多的贡献毛益，如能，就应该转产；否则，就不应该转产。

接【例 4-6】，若将乙产品转产为丁产品，每年可生产丁产品 600 件，单位售价为 50 元，单位变动成本为 30 元。试问是否应该转产？

计算分析如下：

$$丁产品可提供贡献毛益=(50-30)\times600=12\,000（元）$$

$$丁产品比乙产品多提供贡献毛益=12\,000-7\,000=5\,000（元）$$

因此应将乙产品转产为丁产品。转产后的盈亏情况见表 4-10。

表 4-10 转产后的盈亏情况 （单位：元）

项　　目	甲 产 品	丙 产 品	丁 产 品	合　计
销售收入	20 000	10 000	30 000	60 000
变动成本总额	9 000	6 000	18 000	33 000
贡献毛益总额	11 000	4 000	12 000	27 000
应分配固定成本	6 000	3 000	9 000	18 000
利润	5 000	1 000	3 000	9 000

可见，转产丁产品将比转产前增加利润 5 000 元。

另外，若停产乙产品后，将多余的生产设备、设施出租，如果租金收入大于乙产品提供的贡献毛益，就应该出租；否则，就不应停产出租。

从【例 4-6】中，可以总结出解决产品停产和转产问题的决策思路和原则。按财务会计核算的亏损产品，似乎应停产或转产，但按变动成本理论来看，需要作出具体分析。若亏损产品的价格高于单位变动成本，即可以提供贡献毛益的话，如果停产，则生产能力闲置，固定成本不会减少，却失去了一部分贡献毛益，就会使利润减少或亏损增加，因而就不应停产；只有转产产品能比原产品提供更多的贡献毛益，才应该转产；如果停产后闲置生产设备和设施可以出租，只有租金收入大于亏损产品提供的贡献毛益时，才应该停产出租。

【案例讨论】某企业生产三种产品的相关资料见表 4-11，本年度 A 产品亏损 10 000 元，

B 产品盈利 100 000 元，C 产品盈利 140 000 元。

1）是否应停产 A 产品？停产 A 产品对企业利润的影响是多少？

2）如果将 A 产品转产为 D 产品，每年销售量可达 1 500 件，单价为 80 元，每件变动成本为 60 元，是否应转产？

3）如果停产 A 产品后，剩余生产设备可以出租，每年可收租金 50 000 元，本企业不需承担维修费用，是否应出租设备？

表 4-11 产品生产销售资料表

项 目	A 产 品	B 产 品	C 产 品
销售量/件	1 000	2 000	2 000
单价/元	100	200	250
单位变动成本/元	60	100	130
应分配固定成本/元	50 000	100 000	100 000

决策过程和结论

任务六 作出产品定价决策

任务要求

1. 理解降价所产生的效果和薄利多销策略的作用
2. 理解固定成本不随销售量变化的特性
3. 理解价格变动影响贡献毛益变动的规律
4. 掌握产品定价决策的原则和方法

知识储备

产品定价的目标是利润最大。一般而言，价格低可增加销售量，价格高则会减少销售量，会影响销售收入，进而影响利润总额。产品定价决策就是确定能使利润最大化的价格水平。

【例 4-7】某企业生产某产品，生产能力为每年 120 万件。目前年销售量为 70 万件，产品售价为 36 元/件，单位变动成本为 12 元，年固定成本总额为 1 500 万元。据测算，产品售价每降低 2 元，年销售量可增加 10 万件。请问价格定在什么水平上，才能使利润最大？

降低价格，虽然减少了收入，但可增加销售量，即薄利多销，适当地降价可使利润总额增加。由于固定成本总额不受销售量的影响，所以能使贡献毛益最大的价格水平，就是利润最大的价格水平。

分别测算不同价格水平下的贡献毛益总额情况见表 4-12。

表 4-12　定价测算表

售价/（元/件）	销售量/万件	单位变动成本/元	单位贡献毛益/元	贡献毛益总额/万元
36	70	12	24	1 680
34	80	12	22	1 760
32	90	12	20	1 800
30	100	12	18	1 800
28	110	12	16	1 760
26	120	12	14	1 680

从测算结果可知，售价降至 32 元/件时，贡献毛益总额最大，达到 1 800 万元，此时利润最大，为 300 万元（1 800–1 500）。因此，应将售价定在 32 元/件的水平上。

价格降至 30 元/件时，利润与价格 32 元/件时的相同，降价已不能增加利润，降价已无意义，反而会增加生产任务，所以不采用 30 元/件的售价。

从以上案例可以看出定价决策的规律和原则。降价减少了产品单位贡献毛益，但增加了销售量，适当地降价，贡献毛益总额会增加，由于固定成本不会随销售量变化，贡献毛益增加就是利润增加，能使贡献毛益总额最大的价格水平就是最佳的价格水平，此时利润最大。

温馨提示

薄利多销可以增加利润总额。

【案例讨论】某商业企业经销某商品，现在的售价为 50 元/件，进价为 35 元/件，月销售量为 1 000 件左右，每月店面租金、管理费用等固定成本为 5 000 元。据经验，售价每降低 3 元，月销售量可增加 100 件。请问最佳的价格应为多少？月最大利润可达到多少元？

决策过程和结论

任务七　作出生产任务分配的决策

任务要求

1. 理解利用剩余生产能力增加生产量时，固定成本不变
2. 理解变动成本法与完全成本法的差别
3. 理解在售价相同的条件下，单位变动成本越低，贡献毛益越大
4. 掌握生产任务分配决策的原则和方法

知识储备

一个生产企业常常有几个分厂生产同一种产品，由于各分厂条件的差异，各分厂的成本水平往往不同。若该企业接受了一批订货，而各分厂均有剩余生产能力可以承担生产任务时，那么应该将生产任务交给哪个分厂呢？这就需要该企业作出生产任务分配的决策。

【例 4-8】某公司有甲、乙两个分厂都生产 A 产品，两个分厂的最大生产能力均为年产 A 产品 10 000 件。本年两个分厂的生产任务均为 8 000 件。两个分厂上年的成本资料见表 4-13。A 产品每件售价 20 元。公司现接受了一批订货为 1 500 件，试问，公司应将这批生产任务交给哪个分厂去完成，能使利润较大？

表 4-13　甲、乙分厂成本资料表

项　目	甲 分 厂	乙 分 厂
产量/件	8 000	10 000
固定成本总额/元	24 000	10 000
单位变动成本/元	14	15
单位固定成本/元	3	1
单位产品总成本/元	17	16

决策的标准是选择能提供利润最多的分厂去生产，由于同一产品售价是一样的，所以只需选择成本最低的分厂即可。从表面上看，应该选择单位成本最低的乙分厂。但是按变动成本理论，则应选择单位变动成本最低的甲分厂。这是因为各分厂都是利用剩余生产能力生产，承担订货任务都不会增加固定成本，所以只要选择单位变动成本最低的分厂去生产，就可提供最大的贡献毛益，即能提供最多的利润。

从上年两个分厂成本资料来看，乙分厂的单位成本较低，但单位变动成本却比甲分厂高，原因是乙分厂的固定成本总额少、产量大，单位产品分摊的固定成本额小。由于甲分厂的单位变动成本较小，故应将这 1 500 件的生产任务分配给甲分厂生产。

计算如下：

由甲分厂生产的贡献毛益额=（20–14）×1 500=9 000（元）

由乙分厂生产的贡献毛益额=（20–15）×1 500 =7 500（元）

由于固定成本不变，甲分厂可比乙分厂多创造贡献毛益 1 500 元，也就是多创造利润 1 500 元。此结论可用表 4-14 加以证明。

表 4-14　甲、乙分厂效果比较

项　　目	甲　分　厂		乙　分　厂	
	增产前	增产后	增产前	增产后
产量/件	8 000	9 500	8 000	9 500
单位贡献毛益/元	6	6	5	5
贡献毛益总额/元	48 000	57 000	40 000	47 500
固定成本总额/元	24 000	24 000	10 000	10 000
利润/元	24 000	33 000	30 000	37 500

由表 4-13 可以看出，将增加的生产任务分配给两个分厂的结果是：

甲分厂可增加利润=33 000–24 000 =9 000（元）

乙分厂可增加利润=37 500–30 000 =7 500（元）

甲分厂可比乙分厂多增加利润=9 000–7 500 =1 500（元）

解决生产任务分配问题的决策思路和原则是：决策的目的是将追加的生产任务交给能提供利润最多的分厂去生产。由于各分厂同一产品售价是一样的，所以只要选择生产成本最低的分厂即可。由于各分厂都是利用剩余生产能力生产，承担追加订货任务都不会增加固定成本，只会增加变动成本，所以只要选择单位变动成本最低的分厂去生产，就是成本最小的方案。由于产品售价是一定的，单位变动成本最低的分厂就是提供贡献毛益最大的分厂，也就是能创造利润最多的分厂。

> **温馨提示**
>
> 应将生产任务分配给单位变动成本最低的分厂，而不是单位完全成本最低的分厂。

【案例讨论】某总公司设有三个分公司生产同一产品，生产该产品的单位变动成本分别为：甲分公司 100 元/件、乙分公司 105 元/件、丙分公司 110 元/件。产品统一售价为 200 元/件。现有一客户订货 5 000 件，各分公司都有剩余生产能力生产这批订货。试问应将这批订货交给哪个分公司生产？

决策过程和结论

任务八　作出零部件自制与外购的决策

任务要求

1. 理解不论零部件是自制还是外购，都不影响企业的收入
2. 理解利用剩余生产能力自制零部件时，不需增加固定成本
3. 理解若剩余生产能力可出租时，租金收入为自制方案的机会成本
4. 掌握零部件自制与外购决策的原则和方法

知识储备

生产整机产品的工业企业，需要很多种零部件，有些零部件既可以自制，也可以外购。那么怎样才合算呢？这就要进行决策。

【例 4-9】某机床厂每年需要 A 零件 5 000 件，若外购，采购成本为 30 元/件。本厂现有剩余生产能力可以自制，若自制，预算需直接材料 14 元/件、直接人工 6 元/件、变动制造费用 5 元/件。剩余生产能力若不用于自制 A 零件，别无他用。要求作出 A 零件是自制还是外购的决策。

不论零部件是自制还是外购，质量要求是一样的，对产品的售价没有影响，即不影响企业的收入。这时，只需比较两者的成本，以成本低者为优。

由于是利用剩余生产能力自制，不需增加固定成本，因而自制情况下，只考虑变动成本。计算分析如下：

自制年总成本=（14+6+5）×5 000=125 000（元）

外购年总成本=30×5 000=150 000（元）

因为自制年总成本较小，故应该选择自制方案。

> **概念提示**
>
> 机会成本就是选择某一方案时，放弃可以得到收益的机会而造成的损失。

本例中，若剩余生产能力不用于自制 A 零件，可以出租，每年可收租金 40 000 元，则又该如何决策？

在这种情况下，每年租金 40 000 元即为自制方案的机会成本，必须考虑。计算分析如下：

自制年总成本=（14+6+5）×5 000 +40 000 =165 000（元）

外购年总成本=30 ×5 000 =150 000（元）

此时，外购的年总成本较小，就应该进行外购。

本例中，若该机床厂没有剩余生产能力可以利用，自制则需增添生产设备，每年需增加折旧等固定成本 20 000 元，又应如何决策？

计算分析如下：

自制年总成本=（14+6+5）×5 000 +20 000 =145 000（元）

外购年总成本=30×5 000 =150 000（元）

由于自制方案的年总成本较小，故应该选择自制方案。

解决零部件自制或外购问题的决策思路和原则是：不论零部件是自制还是外购，对产品的售价没有影响，不影响企业的收入，因而只需比较两者的成本，选择成本较低者。

在这种决策问题中，外购方案没有固定成本，只有变动成本。自制时，如果利用剩余生产能力，则不需要增加固定成本；如果没有剩余生产能力，就需要增添生产设备，从而增加专属固定成本；利用剩余生产能力时，若剩余生产能力可以出租的话，还要计算相关的机会成本。

【案例讨论】某商业企业每年有 50 000 千米的货运任务。现自备有一辆汽车，每年车辆折旧费、维修费、保险费、司机工资、车船税等固定成本为 50 000 元左右，车辆每千米燃油费为 2 元。若租用同样的车辆，每千米需支付运费 4 元。请问该企业是否应该采用租用外部车辆的方案？

决策过程和结论

任务九　作出设备选用的决策

任务要求

1. 了解先进设备与落后设备生产成本的不同特点
2. 理解先进设备并不一定是最佳选择
3. 理解技术先进并不一定经济合理
4. 掌握设备选择决策的原则和方法

知识储备

企业生产使用的设备有较先进的，也有较落后的。较落后的设备，购置成本小，年使用固定成本较小，但落后的设备生产效率低，生产产品的单位变动成本较高；先进的设备，购置成本大，年使用固定成本较大，但其生产效率高，生产产品的单位变动成本较低。这就存在选用何种设备的决策问题。

【例 4-10】某工业企业生产某种产品，有两种设备可供选择。一种是传统设备，使用该设备的年固定成本为 200 000 元，生产产品的单位变动成本为 60 元；另一种是新式设备，使用该设备的年固定成本为 400 000 元，生产产品的单位变动成本为 20 元。如果企业的年生产量为 4 000 件，应选择何种设备来生产？

> 温馨提示
>
> 从经济效益角度而言，并不一定是越先进的设备越好。

假设不论采用新式设备还是传统设备，生产产品的质量和产量任务是相同的，不影响企业的收入，所以只要选择生产总成本较小的设备生产就可以了。因此，成本最小的方案为最优方案。

此类决策的原理可用图 4-1 加以说明。

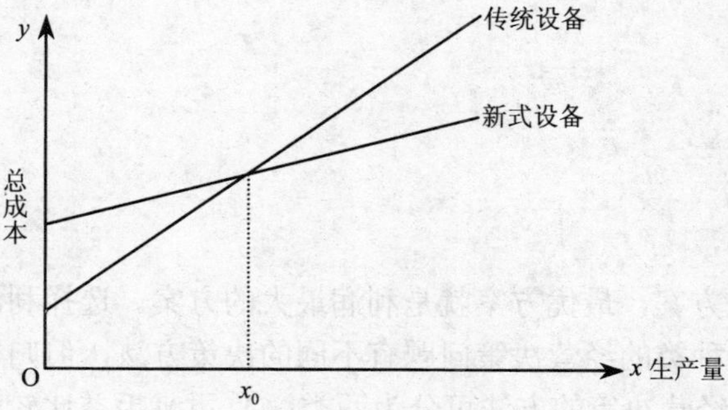

图 4-1　不同设备生产成本图

x_0 为产量临界点。当生产量小于 x_0 时，采用传统设备生产总成本小，应选择传统设备；当生产量大于 x_0 时，采用新式设备生产总成本小，应选择新式设备；当生产量等于 x_0 时，采用两种设备的生产总成本相同，选择两种设备均可。

本例中：

$$传统设备年生产总成本\ y_1=200\,000+60x$$

$$新式设备年生产总成本\ y_2=400\,000+20x$$

当 $y_1=y_2$ 时的 x 值即为产量临界值 x_0，解方程：

$$200\,000+60x=400\,000+20x$$

得：

$$x=(400\,000-200\,000)/(60-20)=5\,000$$

即产量临界值为 5 000 件，当年产量小于 5 000 件时，应选择传统设备；当年产量大于 5 000 件时，应选择新式设备。

本例中，年产量为 4 000 件，小于 5 000 件，所以应选择传统设备来生产，此时生产总成本较小。证明如下：

$$传统设备年总成本=200\,000+60\times4\,000=440\,000（元）$$

$$新式设备年总成本=400\,000+20\times4\,000=480\,000（元）$$

可见，采用传统设备比新式设备总成本少 40 000 元，因此，应当选用传统设备。

解决设备选用问题的决策原则是：生产量较小时，传统设备总成本较小，应选择相对落后的传统设备；生产量较大时，先进的设备总成本较小，应选择相对先进的新式设备。

【案例讨论】 某工业企业有一台生产锅炉，若用液化石油气作燃料，需购置气罐价值1 000元，气罐使用寿命为10年，液化石油气价格为3元/kg，每年生产需液化石油气为1 500kg。若用天然气作燃料，输气管道初装费需要10 000元，可使用10年，天然气价格为2元/m^3，企业每年生产用气为2 000 m^3。请作出应采用哪种燃料的决策。

决策过程和结论

项目总结

决策就是选择最优方案，最优方案就是利润最大的方案。选择利润最大的方案，是决策的根本目标。尽管不同种类的经营决策问题有不同的决策方法，但归根结底都是追求利润最大化。根据这一目标，经营决策的方法可分为两类：① 贡献毛益比较法。由于与决策无关的固定成本不需考虑，所以决策时都是以贡献毛益的大小作为选择标准，贡献毛益最大的方案即为利润最大的方案。以比较贡献毛益选择最优方案的方法是经营决策的基本方法。②成本比较法。当几个备选方案的收入相同，则只需比较各方案的成本即可，其中成本最小的方案就是利润最大的方案，即为最优方案。

如果方案的未来效益不确定，则应采用概率分析法，以效益的期望值进行比较选优。

各种决策问题的具体决策原则是：

在作生产销售何种产品的决策时，应选择可提供贡献毛益最大的产品。

在作产品最优组合的决策时，应选择贡献毛益最大的产品产量组合，即应尽量多生产效益高的产品。

在作产品是否深加工决策时，若深加工能增加贡献毛益，就是可行的。

在作是否接受追加订货的决策时，若追加订货可以提供贡献毛益，就应接受。

在作亏损产品停产或转产的决策时，若亏损产品能提供贡献毛益，就不应停产；只有转产产品能比原产品提供更多的贡献毛益，才应该转产；如果停产后闲置生产设备和设施可以出租，并且租金收入大于亏损产品提供的贡献毛益时，才应该停产出租。

在作产品定价决策时，能使贡献毛益总额最大的价格水平就是最佳的价格水平。

在作生产任务分配决策时，应选择单位变动生产成本最低的分厂去生产。

在作零部件自制与外购的决策时，应选择成本较低者。

在作设备选用的决策时，应选择生产总成本较小的设备。生产量较小时，传统设备总成本较小，应选择相对落后的传统设备；生产量较大时，新式设备总成本较小，应选择相对先进的新式设备。

训 练 题

一、判断题（正确的打“√”，错误的打“×”）

1. 在利用剩余生产能力生产新产品的决策中，原固定成本为无关成本。（ ）
2. 产品最优组合的决策目标是贡献毛益最大。（ ）
3. 若有剩余生产能力，追加订货价格大于单位产品完全成本时，就可以接受。（ ）
4. 亏损产品理应停产。（ ）
5. 使贡献毛益最大的价格水平就是最佳价格。（ ）

二、单项选择题（请将最佳选项代号填入括号中）

1. 最优定价的标准是（ ）。
   A. 销售收入最大 B. 贡献毛益最大
   C. 总成本最少 D. 变动成本最小
2. 零部件自制与外购决策的选优标准是（ ）。
   A. 贡献毛益大 B. 收入大 C. 取得成本小 D. 利润大
3. 设备选用的优选标准是（ ）。
   A. 生产总成本最小 B. 收入最大
   C. 设备先进 D. 设备价格最低
4. 在作开发新产品决策时，若市场销售状况不确定，应选择（ ）。
   A. 期望收入较大的产品 B. 期望成本较小的产品
   C. 期望贡献毛益较大的产品 D. 期望销售量较大的产品
5. 在作生产任务分配决策时，应选择（ ）。
   A. 固定成本最低的分厂 B. 变动成本总额最小的分厂
   C. 单位变动成本最低的分厂 D. 总成本最小的分厂

三、多项选择题（每题有两个或两个以上的答案，请将正确选项代号填入括号中）

1. 经营决策的选优标准有（ ）。
   A. 贡献毛益最大 B. 成本最小
   C. 收入最大 D. 业务量最大
2. 在产品最优组合决策时，应选择（ ）。
   A. 贡献毛益最大的组合 B. 优先生产效益最高的产品
   C. 收入较大的组合 D. 总成本较小的组合
3. 设备选用决策的原则是（ ）。
   A. 生产量较小时，应选择相对落后的设备
   B. 生产量较小时，应选择相对先进的设备
   C. 生产量较大时，应选择相对先进的设备
   D. 生产量较大时，应选择相对落后的设备

4. 亏损产品停产或转产决策的原则是（　　）。

A. 亏损产品能提供贡献毛益就不应停产

B. 转产产品能比原产品提供更多的贡献毛益，才应转产

C. 只有租金收入大于亏损产品提供的贡献毛益时，才应出租设备

D. 亏损产品不能提供贡献毛益，就应停产

5. 降低价格的效果为（　　）。

A. 销售量增加　　B. 单位成本降低

C. 固定成本增加　　D. 贡献毛益总额增大或减小

四、案例分析计算题

1. 某厂生产设备现有生产能力 5 000 台时，目前实际利用率只有 80%，现准备利用剩余生产能力开发新产品。现有两种产品可供选择，两种产品的有关数据为：甲产品加工定额为 5 台时/件，单位变动成本为 70 元，销售单价为 82 元；乙产品加工定额为 2 台时/件，单位变动成本为 38 元，销售单价为 44 元。不论生产甲产品或乙产品均不需要增加固定成本。原来年固定成本总额为 14 000 元。请作出开发甲产品或乙产品的决策。

2. 某厂准备生产一种新产品，现有甲、乙两种产品可供选择。甲产品的销售单价为 20 元，单位变动成本为 15 元；乙产品的销售单价为 35 元，单位变动成本为 29 元。两种产品的年固定成本均为 10 万元。预测可能的年销售量和概率见表 4-15。请问应选择哪种产品？

表 4-15　甲、乙产品销售预测表

销售量/台	8 000	10 000	20 000	30 000	40 000	50 000
甲　产　品	0.1	0.1	0.1	0.2	0.4	0.1
乙　产　品	—	0.1	0.2	0.4	0.2	0.1

3. 长江机器厂现有年生产能力 100 000 台时，共生产甲、乙两种产品，其有关资料见表 4-16。

表 4-16　长江机器厂生产资料表

项　目	甲　产　品	乙　产　品
每件定额工时	10	2
销售单价/元	9	10
单位变动成本/元	4	8

又已知甲产品在市场上销售无限制，乙产品在市场上每年最多只能销售 40 000 件。

如何合理安排甲、乙两种产品的生产量，才能创造最多的效益？

4. 某工厂每年生产甲产品 8 000 件，单位变动成本为 4 元，年固定成本为 16 000 元，销售单价为 10 元。如把甲产品进一步加工为乙产品，销售价格可提高到 15 元/件，但需追加单位变动成本 3 元，增加加工设备需增加年固定成本 14 000 元。请作出甲产品是否应进一步加工的决策。

5. 晨光机床厂只生产甲机床，全年最大生产能力为 100 台，正常产销数量为 80 台。甲机床的销售单价为 1 000 元，其单位产品成本见表 4-17。

表 4-17　机床生产成本表

项　目		单位成本/元
直接材料		300
直接人工		200
制造费用		300
其中：	变动制造费用	100
	固定制造费用	200
单位产品变动成本		600
单位产品成本合计		800

（1）现有外商前来订货 20 台，只愿出价每台 700 元，试问此项订货能否接受？

（2）若有外商前来订货 40 台，这时晨光机床厂如接受订货就将减少正常的产品销售量 20 台，但对方出价仍为每台 700 元。请问此项订货能否接受？

6. 某企业生产甲、乙、丙三种产品，全年共同固定成本为 82 000 元，分配固定成本后，本年度甲产品盈利 30 000 元，乙产品盈利 50 000 元，丙产品亏损 10 000 元。三种产品的有关资料见表 4-18。请作出是否停产丙产品的决策。

表 4-18　某企业生产销售资料表

项　目	甲 产 品	乙 产 品	丙 产 品
销售量/件	11 000	12 000	12 000
销售单价/元	10	15	11
单位变动成本/元	6	8	9

7. 某企业一种产品目前售价为 200 元/件，年销售量为 5 000 件，单位变动成本为 150 元，年固定成本为 50 000 元。据市场调查预测，每件产品的价格每降低 1 元，年销售量可增加 200 件。请作出最佳定价的决策。

8. 某公司有两个生产同一产品的分厂，年生产能力均为 12 000 件，本年生产任务均为 10 000 件，产品售价统一为 50 元/件，两个分厂去年的成本资料见表 4-19。公司现接受了一批订货 2 000 件。请问，该公司应将这批生产任务分配给哪个分厂去生产？

表 4-19　分厂生产资料表

项　目	甲 分 厂	乙 分 厂
产量/件	10 000	12 000
变动成本总额/元	300 000	384 000
固定成本总额/元	50 000	24 000
单位变动成本/元	30	32
单位固定成本/元	5	2
单位产品完全成本/元	35	34

9. 某厂每年需甲零件240件，外购成本每件14元。该厂金工车间尚有剩余生产能力可以自制甲零件，预计材料费5元/件，直接人工费3元/件，变动制造费用2元/件。自制时需要增添专用设备，每年要增加专属固定成本1 200元，金工车间剩余生产设备如不用于自制甲零件，别无他用。请作出甲零件应外购或自制的决策。

10. 某工厂现用普通设备生产甲产品，单位变动成本为16元，年固定成本为20 000元。目前市场上有一种全自动化设备，据有关数据测算，采用该种设备生产，产品单位变动成本只需10元，但年固定成本达40 000元。已知本厂甲产品每年销售量可达5 000件。请问该工厂是否应该采用全自动化设备生产？

项目五　作出投资决策

项目导航

投资决策，就是对固定资产及无形资产投资项目进行可行性评价和方案选优。投资决策是企业管理的重大事项，也是管理会计的主要内容之一。

学习目标

- 建立起资金时间价值观念
- 学会投资决策的基本方法
- 掌握常见投资决策问题的决策规律和方法

主要内容

- 资金时间价值观念及计算
- 投资决策的原理和基本方法
- 常见投资问题的决策方法

具体任务

任务一　建立资金时间价值观念

任务二　确定投资项目的现金流量

任务三　学会投资决策的分析方法

任务四　应用投资决策方法

任务一　建立资金时间价值观念

任务要求

1. 理解资金时间价值的概念
2. 掌握单项资金的终值与现值的计算方法
3. 掌握年金终值与现值的计算原理和方法

知识储备

在管理会计中，资金价值是动态可变的，它会随着时间推移而增值，这就是资金的时间价值。资金时间价值是很重要的理财观念，是投资决策的必备知识。

一、资金时间价值的概念和作用

资金时间价值是指资金随时间的推移而产生的增值。资金时间价值是一种重要的理财观念，按照资金时间价值观念，资金的价值是可变的，不是固定不变的。今年的100元，在利率为10%的条件下，到明年就变成110元，而不再是100元。也就是说，不同时间的等量资金，其价值是不相等的，今年的100元，不等于明年的100元，也不等于去年的100元。不同时间上的资金，其价值没有可比性。需要比较时，必须折算成同一时间上的价值，才具有可比性。

【例5-1】某企业需要一台生产设备，购买价格为10万元，使用寿命为10年。如租入同样的设备，每年租金为1.2万元，租期也为10年。银行贷款利率为6%。请问是应该购买还是租赁？

本例从表面上看，似乎购买代价较小，比租赁节省2万元。但若考虑资金时间价值，则购买方案未必好。因为未来的12万元折算到现在就不再是12万元了，要少于12万元。

【例5-2】某企业投资一生产项目，需投资200万元，项目投产后，每年可创造净回报30万元，项目寿命期为10年，投资成本率为10%。请问此投资项目是否可行？

本例看起来10年的总回报为300万元，相比投资净赚100万元，但若考虑资金时间价值，则不一定可行。

> **温馨提示**
>
> 资金时间价值观念是决策的重要思想之一。

在投资决策中，由于投资项目的资金流出（投资）和流入（回报）发生在前后不同的时间上，其价值是不可比的，在进行资金流入、流出量的比较时，必须将这些流入量、流出量折算为同一时间的价值，这样才能评价投资项目的可行性。

在管理工作实践中，对资金时间价值的应用，是将资金折算为终值或现值，以满足管理决策的需要。所谓资金的终值，就是将现在一定量的资金折算为若干期后的价值；资金的现值，就是将未来一定量的资金折算为现在的价值。

二、单项资金的终值与现值的计算

单项资金的终值、现值，就是将一笔资金折算成终值或现值。

由于资金时间价值的产生有单利和复利两种形式，所以本任务按单利、复利分别进行介绍。

（一）单利

单利是指按照固定的本金计算利息，前期的利息后期不再计利息。

1. 单利终值

终值就是本金加上时间价值之和，相当于本利和。

以 P 表示本金（即现值），F 表示终值，i 表示利率，n 表示期数。在单利计息的条件下：

第 1 期末的终值 $=P+P\times i=P(1+i)$

第 2 期末的终值 $=P(1+i)+P\times i=P(1+2i)$

……

第 n 期末的终值 $=P(1+n\times i)$

所以，单利终值的计算公式为

$$F=P(1+n\times i)$$

【例 5-3】现在购入国债 10 000 元，期限为 3 年，单利年利率为 5%，到期一次还本付息，则到期可收回本息共多少元？

根据单利终值的计算公式，可得：

$$F=P(1+n\times i)=10\,000\times(1+3\times 5\%)=11\,500\text{（元）}$$

即到期可收回本息共 11 500 元。

2. 单利现值

现值就是终值剔除时间价值后相当于现在的价值，相当于本金。由单利终值的计算公式可推导出单利现值的计算公式为

$$P=F\div(1+n\times i)$$

【例 5-4】3 年后需要 10 000 元，现在应往银行存入多少钱（3 年期存款利率为 3%，单利计息）？

根据单利现值的计算公式，可得：

$$P=F\div(1+n\times i)=10\,000\div(1+3\times 3\%)=9\,174\text{（元）}$$

即现在应往银行存入 9 174 元。

（二）复利

复利算法适用于复利计息的情况。在单利计息的情况下，如果不论几年期，均按一年期的利率计算复利，实际上与用不同期限单利利率计算的利息相同，因而，用一年期的利率复利计息，就可以取代分期限的单利利率。所以，复利法是通用的计息方法。

1. 复利终值

在复利计息的条件下，现值 P 的终值为

第 1 期末的终值 $=P+P\times i=P(1+i)$

第 2 期末的终值 $=P(1+i)+P(1+i)i=P(1+i)^2$

第 3 期末的终值 $=P(1+i)^2+P(1+i)^2 i=P(1+i)^3$

……

第 n 期末的终值 $=P(1+i)^n$

所以，复利终值的计算公式为

$$F=P(1+i)^n$$

式中，$(1+i)^n$称为复利终值系数，可用（F/P，i，n）表示，可从复利终值系数表（见附录中附表A）中查出。

【例5-5】现在存入银行1 000元，复利年利率为2%，3年后本利和共多少元？

根据复利终值的计算公式，可得：

$$F=P(1+i)^n$$
$$=1\ 000\times(1+2\%)^3$$
$$=1\ 000\times1.0612$$
$$=1\ 061.2（元）$$

即3年后的本利和为1 061.2元。

2. 复利现值

由复利终值的计算公式可以推出复利现值的计算公式如下

$$P=\frac{F}{(1+i)^n}=F\frac{1}{(1+i)^n}$$

式中，$\frac{1}{(1+i)^n}$称为复利现值系数，可用（P/F，i，n）表示，可从复利现值系数表（见附录中附表B）中查出。

【例5-6】3年后需要用款10 000元，在复利年利率为2%的条件下，现在应往银行存入多少元？

根据复利现值的计算公式，可得：

$$P=F\frac{1}{(1+i)^n}=10\ 000\times\frac{1}{(1+2\%)^3}=10\ 000\times0.942\ 3=9\ 423（元）$$

即现在应往银行存入9 423元。

三、年金终值与现值的计算

年金就是每隔相同时间发生的等额收付款项，它是一系列相等金额的资金，如租金、债券利息、分期等额付款等。年金必须同时具备以下三个特征。

（1）系列性。年金必须是连续多笔收付的款项，一次性收付的款项不是年金。

（2）等额性。年金必须是多笔相等金额的款项，如果金额不完全相等，则不是年金。

（3）等间隔性。年金必须是间隔相等的时间发生的收付款项，若多笔收付款项间隔的时间不完全相等，则不属于年金。

年金根据发生的时间不同，可分为以下几种。

（1）普通年金，即发生在每期期末的年金，又称后付年金，由于是最常见的年金形式，所以称为普通年金。

（2）即付年金，指发生在每期期初的年金，又称先付年金。

（3）递延年金，指在第一期期末后的某一时点开始发生的年金。

（4）永续年金，即无限期发生的年金。

年金终值，就是多笔相等金额资金的终值合计；年金现值，就是多笔相等金额资金的现值合计。年金的终值与现值，都是按复利计算的。

（一）年金终值的计算

年金终值指一定时期内，每期期末（或期初）等额收入或支出款项的本利和。也就是将每一期的金额，按复利换算到最后一期期末的终值，然后加总，就是年金终值。年金终值的计算可以分为普通年金终值和即付年金终值计算两种。

1. 普通年金终值

普通年金终值就是发生在每期期末的等额资金的终值合计。根据单项资金终值的计算公式，可以得到普通年金终值的计算方法。

设年金为 A，年金终值为

$$F=A(1+i)^0+A(1+i)^1+A(1+i)^2+A(1+i)^3+\cdots+A(1+i)^{n-1}$$

上式为公比为（1+i），首项为 A 的等比数列，根据等比数列的求和公式：

$$S_n=a_1\frac{q^n-1}{q-1}$$

将 $q=(1+i)$、$a_1=A$ 代入公式，可得：

$$F=A\frac{(1+i)^n-1}{i}$$

其中，$\frac{(1+i)^n-1}{i}$ 称作年金终值系数，用（F/A，i，n）表示，其值可从年金终值系数表（见附录中附表 C）中查得。因此，普通年金终值的计算公式可写成：

$$F=A(F/A,\ i,\ n)$$

【例 5-7】每年年末向银行存款 1 000 元，连续 5 年，在复利年利率为 3%的条件下，第 5 年末的存款本利和为多少元？

根据普通年金终值计算公式，查年金终值系数表，可得第五年末的本利和为

$$\begin{aligned}F&=A(F/A,\ i,\ n)\\&=1\,000\times(F/A,\ 3\%,\ 5)\\&=1\,000\times5.309\\&=5\,309\text{（元）}\end{aligned}$$

有时，需要根据终值求年金，由年金终值的计算公式可得：

$$A=\frac{F}{(F/A,\ i,\ n)}$$

【例 5-8】某企业五年后需偿还借款本息 100 万元，在复利年利率为 5%的条件下，企业每年末应提取等额偿债基金多少万元？

根据公式，查年金终值系数表，可得：

$$A=\frac{100}{(F/A,\ 5\%,\ 5)}$$

$$=\frac{100}{5.526}=18.1\text{（万元）}$$

即每年末应提取等额偿债基金 18.1 万元。

2. 即付年金终值

即付年金是发生在每期期初的年金，其终值为

$$F=A(1+i)+A(1+i)^2+A(1+i)^3+\cdots+A(1+i)^n$$

$$=(1+i)[A+A(1+i)+A(1+i)^2+\cdots+A(1+i)^{n-1}]$$

$$=(1+i)A(F/A,\ i,\ n)$$

$$=A(F/A,\ i,\ n)(1+i)$$

可见，即付年金终值就是普通年金终值再乘以（1+i）。

【例 5-9】如果每年年初存款 1 000 元，连续存 5 年，在复利年利率为 3%的条件下，第五年末的本利和如下：

$$F=1\,000\times(F/A,\ 3\%,\ 5)\times(1+3\%)$$

$$=1\,000\times5.309\times(1+3\%)$$

$$=5\,468.3\text{（元）}$$

在即付年金的情况下，根据终值求年金的方法为

$$A=\frac{F}{(F/A,\ i,\ n)\ (1+i)}$$

（二）年金现值的计算

年金现值是指将在一定时期内每期期末（或期初）收入或支付的相等金额的款项折算到第一期期初的现值之和。同理，年金现值的计算也可以分为普通年金现值和即付年金现值计算两种。

1. 普通年金现值

普通年金现值就是发生在每期期末的等额资金的现值合计。根据单项资金现值的计算公式，可以得出普通年金现值的计算方法为

$$P=\frac{A}{(1+i)}+\frac{A}{(1+i)^2}+\frac{A}{(1+i)^3}+\cdots+\frac{A}{(1+i)^n}$$

$$=A(1+i)^{-1}+A(1+i)^{-2}+A(1+i)^{-3}+\cdots+A(1+i)^{-n}$$

上式为公比为（1+i），首项为 $A(1+i)^{-n}$ 的等比数列，根据等比数列的求和公式，可以得出普通年金现值的计算公式为

$$P=A\frac{1-(1+i)^{-n}}{i}$$

式中的 $\frac{1-(1+i)^{-n}}{i}$ 称作年金现值系数，用（P/A，i，n）表示，其值可从年金现值系数表（见附录中附表D）中查得。因此，普通年金现值的计算公式也可以写成：

$$P=A(P/A,\ i,\ n)$$

【例5-10】 某企业租入一项固定资产，租期3年。按年支付租金时，每年年末应付租金10 000元；若当即一次性付清全部租金时，应付多少元（复利年利率5%）？

一次性应付租金为

$$\begin{aligned}P&=A(P/A,\ i,\ n)\\&=10\,000\times(P/A,\ 5\%,\ 3)\\&=10\,000\times2.723\\&=27\,230\text{（元）}\end{aligned}$$

在管理实务中，常常需要根据已知的现值反求年金，由年金现值的计算公式可得年金的计算公式为

$$A=\frac{P}{(P/A,\ i,\ n)}$$

【例5-11】 某商品现在售价为50 000元，若采用3年分期等额付款方式销售，在复利年利率为4%的条件下，每一年年终应分期付款多少元？

根据年金的计算公式有：

$$\begin{aligned}A&=\frac{50\,000}{(P/A,\ 4\%,\ 3)}\\&=\frac{5\,0000}{2.775}\\&=18\,018\text{（元）}\end{aligned}$$

即每年分期付款应为18 018元。

2. 即付年金现值

即付年金是发生在每期期初的年金，其现值为

$$\begin{aligned}P&=A+A(1+i)^{-1}+A(1+i)^{-2}+A(1+i)^{-3}+\cdots+A(1+i)^{-(n-1)}\\&=(1+i)[A(1+i)^{-1}+A(1+i)^{-2}+A(1+i)^{-3}+\cdots+A(1+i)^{-n}]\\&=(1+i)A(P/A,\ i,\ n)\\&=A(P/A,\ i,\ n)(1+i)\end{aligned}$$

可见，即付年金现值是在普通年金现值的基础上再乘以（$1+i$）。

【例5-12】 某商品房实行分期付款销售，付款期10年，购房户需每年年初付款10 000元。在年复利利率为4%条件下，若客户一次付清，其付款额应为多少元？

一次性付清的金额为

$$P=10\,000\times(P/A,\ 4\%,\ 10)\times(1+4\%)$$
$$=10\,000\times8.111\times(1+4\%)=84\,354\text{（元）}$$

在即付年金条件下，已知现值求年金的公式为

$$A=\frac{P}{(P/A,\ i,\ n)\ (1+i)}$$

【案例讨论】某地以 23 000 万元的价格转让了一条高速公路的经营权 20 年，该高速公路每年经营利润可达 2 000 万元，银行利率为 6%。不少人认为转让价格太便宜，你认为如何？

分析过程与结论

任务二　确定投资项目的现金流量

任务要求

1. 明确投资项目现金流出量的内容
2. 明确投资项目现金流入量的内容
3. 掌握投资项目经营期每年营业现金净流量的计算方法

知识储备

现金流量就是投资项目的资金流入量、流出量，它是决定投资项目效益的首要因素。投资决策就是将现金流入量与现金流出量进行比较，流入量大于流出量时，投资项目才是可行的。所以，投资决策的第一步就是估计投资项目的现金流入量、流出量。只有尽可能准确地估计出投资项目的现金流量，才能使决策建立在可靠的基础上，作出正确的决策，降低决策风险，取得预期的投资效果。

一、现金流出量

投资项目的现金流出量发生在项目的投资阶段，就是投资项目需要的投资额，具体包括以下两项：①购建固定资产（或取得无形资产）的投资额。②与固定资产投资相配套的流动资金投资额。

在新建或扩建的投资项目中，一般都需要相应地补充流动资金，需要增加流动资金投资。在更新改造项目或小额固定资产、无形资产投资项目中，一般不需要增加流动资金投资。

二、现金流入量

投资项目的现金流入量发生在项目的经营阶段，就是投资项目投产后各年获得的报酬及经营期满的资金回收额，内容包括以下几个方面。

1. 每年营业现金净流量

在投资项目投产后，经营期内每年取得的营业收入与付现的营业成本及税金之差，即营业现金净流量。每年营业现金净流量的计算方法为

每年营业现金净流量=年营业收入－付现成本－营业税金－所得税

在营业成本中，非付现成本主要是固定资产折旧或无形资产摊销额。所以，每年现金净流量也可以按下式计算：

每年营业年现金净流量=年营业收入－（营业成本－年折旧或摊销额）－营业税金－所得税

=年营业收入－营业成本+年折旧或摊销额－营业税金－所得税

=年净利润+年折旧或摊销额

> **概念提示**
>
> 付现成本：在营业成本中以现金支付的成本费用。
>
> 非付现成本：在营业成本中不以现金支付的成本费用。

2. 经营期满固定资产残值或变价收入

如果经营期等于固定资产寿命期，资金回收额即为固定资产残值收入；如果经营期短于固定资产寿命期，资金回收额即为固定资产变价收入。

3. 经营期满收回的流动资金投资

如果投资项目进行了流动资金投资，那么到经营期满时即可收回。在不考虑物价变动的条件下，期满收回的流动资金与当初投资的数额相等。

【例 5-13】某企业新建生产线，预计固定资产投资需 200 万元，分两年投入，每年投入 100 万元，两年建成。第三年初投入流动资金 150 万元，生产线投入使用。预计经营期为 10 年，估计每年可生产甲产品 40 000 件，预计每件售价为 50 元，每件付现成本为 35 元，每件销售税金为 5 元。按平均年限法计提折旧，期满残值 5 万元，所得税率为 25%。

1）现金流出量为：

固定资产投资额，第一年为 100 万元；第二年为 100 万元。

流动资金投资额为 150 万元。

2）现金流入量为：

经营期每年营业现金净流量：

每年营业收入=40 000×50=2 000 000（元）=200 万元

每年付现成本=40 000×35=1 400 000（元）=140 万元

每年销售税金=40 000×5=200 000（元）=20 万元

每年折旧额=（200−5）÷10=19.5（万元/年）

每年利润总额=200−140−19.5−20=20.5（万元）

每年所得税=20.5×25%=5.125（万元）

每年净利润=20.5−5.125=15.375（万元）

每年营业现金净流量=200−140−20−5.125=34.875（万元）

或：每年营业现金净流量=15.375+19.5 =34.875（万元）

经营期满固定资产残值收入为 5 万元

经营期满收回的流动资金为 150 万元

任务三　学会投资决策的分析方法

任务要求

1. 理解动态决策方法——净现值法及净现值率法的决策原理
2. 掌握净现值法的决策计算方法
3. 懂得净现值法和净现值率法适用决策问题的不同
4. 掌握静态决策方法的计算和应用

知识储备

投资决策，包括投资方案可行性评价和方案选优。如果只有一个备选方案，只需对方案进行可行性评价即可，只要方案是可行的，即可实施。如果有多个备选方案，则应先对各个方案进行可行性评价，舍弃不可行的方案，然后在可行的方案中选出最优方案。

按是否考虑资金时间价值，投资决策的方法可分为动态决策方法和静态决策方法。动态决策方法是投资决策的基本方法，静态决策方法是投资决策的辅助方法。

一、动态决策方法

动态决策方法需要考虑资金时间价值，将投资项目的现金流入量、流出量折算为同一时间的可比价值进行比较，是科学的决策方法。动态决策的基本方法有净现值法和净现值率法。

1. 净现值法

净现值法就是以净现值大小作为决策标准的决策方法。所谓净现值，是将投资项目的现金流入量折算为投资时的现值与现金流出量折算为投资时的现值之差，也就是以可比现值计算的投资方案的现金净流入量。

净现值的计算方法为

净现值=现金流入量的现值−现金流出量的现值

=（经营期每年营业现金净流量的总现值+经营期满期固定资产残值的现值+经营期满收回流动资金的现值）−（固定资产或无形资产投资的现值+流动资金投资的现值）

计算净现值的折算标准时点，为项目开始投资的第一年初。计算现金流入量、流出量的现值时，假定流入量均为年末发生的，流出量均为年初发生的。计算资金现值时的利率，可采用资金成本率或预期投资报酬率。

净现值大于零时，表明投资方案的现金流入量大于现金流出量，投资方案可行，否则不可行。在进行投资方案选优时，净现值法适用于各备选方案投资额相等或接近的情况，此时，净现值最大的方案为最优方案。如果各个备选方案的经营年限不相同，还需要计算投资方案的年均净现值，以年均净现值最大的方案为最优方案。

【例 5-14】按【例 5-13】的资料，该企业新建生产线，预计固定资产投资需 200 万元，分两年投入，每年投入 100 万元，两年建成。第三年初投入流动资金 150 万元，生产线投入使用。预计经营期为 10 年。估计每年会增加净利润 15.375 万元，按平均年限法计提折旧，年折旧额为 19.5 万元。经营期满预计设备净残值为 5 万元，期满流动资金投资可全数收回。试用净现值法评价此投资方案是否可行（投资所用资金的资金成本率为 10%）。

该投资方案的净现值计算如下：

经营期每年营业现金净流量=15.375+19.5 =34.875（万元）

净现值=34.875×（P/A，10%，10）×（P/F，10%，2）+（150+5）×（P/F，10%，12）

−[100+100×（P/F，10%，1）+150×（P/F，10%，2）]

=34.875×6.145×0.826+155×0.319−（100+100×0.909+150×0.826）

=226.462−314.8

=−88.338（万元）

净现值小于 0，投资方案的可比现金流入量小于现金流出量，所以该投资方案不可行。

【例 5-15】某企业欲购置一套设备，现有三个方案可供选择，三个方案的投资额均为 100 万元，均系一次性投入，设备购入后立即可以投入使用，经营期为 5 年，期满残值忽略不计。投资的资金成本率为 10%。各方案每年营业现金净流量见表 5-1。

表 5-1　营业现金净流量　（单位：万元）

方　案	年营业现金净流量				
	第 1 年	第 2 年	第 3 年	第 4 年	第 5 年
A	30	30	30	30	30
B	50	50	50	50	50
C	80	60	50	40	30

试评价各方案的可行性，并选出最优方案。

各方案的净现值计算如下：

A 方案净现值=30×3.791−100=13.73（万元）

B 方案净现值=50×3.791−100=89.55（万元）

C 方案净现值=80×0.909+60×0.826+50×0.751+40×0.683+30×0.621−100=105.78（万元）

各方案的净现值均大于 0，均为可行方案。由于各方案的投资额相等，所以净现值最大的 C 方案为最优方案。

【例 5-16】某企业准备开发新的生产项目，现有两个备选方案。

甲方案需投资 200 万元，一年后建成投入使用，经营期为 10 年，每年营业现金净流量为 50 万元，期满残值为 2 万元。乙方案需投资 200 万元，但投资后立即可以投入使用，经营期为 8 年，每年营业现金净流量为 50 万元，期满残值为 4 万元。

企业预期投资报酬率为 12%。请选择最优方案。

先计算出两个方案的净现值：

甲方案净现值=50×（P/A，12%，10）×（P/F，12%，1）+2×（P/F，12%，11）−200

=50×5.650×0.893+2×0.288−200

=52.85（万元）

乙方案净现值=50×（P/A，12%，8）+4×（P/F，12%，8）−200

=50×4.968+4×0.404−200

=50.02（万元）

两个方案净现值均大于 0，均可行。甲方案净现值大于乙方案净现值，似乎甲方案较优。但由于两个方案计算年限不同，需用年均净现值才能比较方案的优劣。年均净现值是把项目总的净现值转化为项目每年的平均净现值。年均净现值的计算公式为：

$$年均净现值=\frac{项目总的净现值}{(P/A,\ i,\ n)}$$

分别计算两个方案的年均净现值：

甲方案年均净现值=52.85÷（P/A，12%，11）

=52.85÷5.938

=8.90（万元）

乙方案年均净现值=50.02÷（P/A，12%，8）

=50.02÷4.968

=10.07（万元）

> **温馨提示**
>
> 净现值法只适用各备选方案的投资额现值相同时的选优。各备选方案的经营年限不同时，还需用年均净现值比较选优。

由计算结果可以看出，乙方案的年均净现值较大，所以乙方案为最优方案。

由于净现值是绝对数，在几个方案选优时，如果各方案的投资额不相等，用净现值就不能比较方案的优劣，此时应当用净现值率来比较。

2. 净现值率法

净现值率是相对数，当几个备选方案的投资额现值不相等时，就应当用净现值率法进行方案选优。

净现值率是投资方案的净现值相当于投资额现值的比率，表示每百元投资额可实现的净现值收益，净现值率最高的方案投资效益最高，为最优方案。净现值率的计算方法为

$$净现值率=\frac{净现值}{投资额的现值}\times100\%$$

【例 5-17】某企业欲开发新产品，有两种产品可供选择，两种产品需要的生产设备不同，分别为 A、B 两种设备。两种设备均可使用 6 年，残值忽略不计。投资的资金成本率为 10%。两方案的投资均为一次性，设备购入后立即可以投产使用。其投资额和各年营业现金流量见表 5-2。请对投资方案进行优选。

表 5-2 现金流量表 （单位：万元）

方案	投资额	各年营业现金净流量					
		第 1 年	第 2 年	第 3 年	第 4 年	第 5 年	第 6 年
A	1 600	400	500	600	700	700	600
B	2 500	900	800	900	900	900	800

根据复利现值公式，可以分别计算 A、B 两个方案的净现值：

A 方案净现值=400×0.909+500×0.826+600×0.751+700×0.683+700×0.621+600×0.564–1 600
=2 478.4–1 600
=878.4（万元）

B 方案净现值=900×0.909+800×0.826+900×0.751+900×0.683+900×0.621+800×0.564–2 500
=3 779.6–2 500
=1 279.6（万元）

两方案净现值均大于 0，均为可行方案，由于两方案投资额现值不相等，虽然 B 方案净现值较大，但投资额也较大，不一定是最优方案。应当用净现值率进行比较决策。

$$A方案：净现值率=\frac{878.4}{1\,600}\times100\%=54.9\%$$

$$B方案：净现值率=\frac{1\,279.6}{2\,500}\times100\%=51.2\%$$

A 方案的净现值率较高，投资效益高，所以 A 方案为最优方案。

当几个备选方案的投资额不等，经营年限又不相同时，净现值率仍存在不可比的问题。这时就得用年均净现值率进行比较，年均净现值率较高者为优。年均净现值率就是年均净现值与投资额现值之比。

温馨提示

当各备选方案的投资额现值不同时，应当用净现值率法选优；若各备选方案的经营年限不同时，需用年均净现值率比较选优。

【例 5-18】某企业欲进行一项投资，有两个备选方案。A 方案需一次性投资 100 万元，经营期为 5 年，每年营业现金净流量为 40 万元；B 方案需一次性投资 200 万元，经营期为 10 年，每年营业现金净流量为 80 万元。两方案均为投资后可立即投产使用，残值均忽略不计。预期投资报酬率为 10%。试选择最优方案。

根据年金现值公式，可得 A、B 方案的净现值：

$$A方案净现值=40\times3.791-100=51.64（万元）$$

$$B方案净现值=80\times6.145-200=291.6（万元）$$

两个方案的净现值均大于0，故两个方案均可行。

$$A方案净现值率=\frac{51.64}{100}\times100\%=51.64\%$$

$$B方案净现值率=\frac{291.6}{200}\times100\%=145.8\%$$

由于两方案经营期年限不同，用净现值率还不能断定哪个为最优方案，需用年均净现值率来比较。

$$A方案年均净现值=51.64\div3.791=13.62（万元）$$

$$B方案年均净现值=291.6\div6.145=47.45（万元）$$

$$A方案年均净现值率=\frac{13.62}{100}\times100\%=13.62\%$$

$$B方案年均净现值率=\frac{47.45}{200}\times100\%=23.73\%$$

B方案年均净现值率较高，所以B方案为最优方案。

二、静态决策方法

静态决策方法是不考虑资金时间价值的决策方法，对投资方案的现金流入量、流出量不进行折算，即把资金看作价值不变。静态决策方法容易理解，但不够科学，所以只作为决策的辅助方法，供决策时参考。静态决策方法有投资额回收期法和投资报酬率法两种。

1. 投资回收期法

投资回收期，就是在投资方案经营期间以每年营业现金净流量收回投资所需要的时间。投资回收期法，就是以投资回收期的长短作为决策标准的决策方法。投资回收期越短，方案越好。

在用投资回收期法决策时，一般以投资项目寿命期的一半作为回收期的上限。如果投资方案的回收期短于项目寿命期的一半，则方案可行；在可行方案中，投资回收期最短的方案为最优方案。

根据投资方案经营期每年营业现金净流量是否相等，回收期的计算可分为两种情况。

（1）每年营业现金净流量相等。如果投资方案经营期内每年的营业现金净流量相等，就可以用下面的公式计算：

$$投资回收期=\frac{投资总额}{每年营业现金净流量}$$

（2）每年营业现金净流量不相等。如果投资方案每年的营业现金净流量不相等，就无法按上面的公式计算，只能用累计现金净流量比较法确定方案的投资回收期。

【例5-19】一投资项目有三个备选方案，其现金流量见表5-3，试用投资回收期法评价各方案的可行性，并选出最优方案。

表 5-3　三个备选方案的现金流量表　　（单位：万元）

方　案	投 资 额	各年营业现金净流量				
		第 1 年	第 2 年	第 3 年	第 4 年	第 5 年
甲	100	50	50	50	50	50
乙	150	60	60	60	60	60
丙	200	80	60	50	50	40

$$\text{甲方案投资回收期}=\frac{100}{50}=2\text{（年）}$$

$$\text{乙方案投资回收期}=\frac{150}{60}=2.5\text{（年）}$$

丙方案每年营业现金净流量不相等，需用累计现金净流量比较法确定。前 3 年累计现金净流量为 190 万元，收回投资尚差 10 万元，需在第四年中占用 10 万元的现金净流量，占第四年现金净流量的 1/5。假定全年现金净流量是均匀实现的，那么，所用时间也占第 4 年的 1/5。

$$\text{丙方案投资回收期}=3+\frac{10}{50}=3+0.2=3.2\text{（年）}$$

由以上计算结果可知，丙方案的投资回收期超过了投资项目寿命期的一半，此方案不可行；甲、乙方案的投资回收期未超过项目寿命期的一半，为可行方案。甲方案的投资回收期最短，所以为最优方案。

用投资回收期法决策时，除没有考虑资金时间价值外，还没有考虑回收期后各年的现金流入量，因而是不完善的。但投资回收期的长短可以反映投资回收风险的大小，回收期越短，不能收回投资的风险越小。所以，投资回收期有助于判断投资方案风险的大小，在投资决策中可以起辅助作用。最终的决策，还要用动态决策方法解决。

2. 投资报酬率法

投资报酬率也称投资收益率或投资利润率，是投资项目每年获得的利润与投资额之比，反映投资的经济效果，其计算方法为

$$\text{投资报酬率}=\frac{\text{年平均净利润}}{\text{投资总额}}\times 100\%$$

用投资报酬率法决策时，如果投资方案的投资报酬率高于或等于预期投资报酬率，则方案可行；在可行方案中，投资报酬率最高的方案为最优方案。

【例 5-20】一投资项目有三种方案可供选择：甲方案投资额为 100 万元，寿命期为 5 年，每年可获得净利润 10 万元；乙方案投资额为 150 万元，寿命期为 8 年，每年可获净利润 20 万元；丙方案投资额为 200 万元，寿命期为 5 年，各年可获得净利润分别为 20 万元、50 万元、40 万元、30 万元、20 万元。试用投资报酬率法进行方案可行性评价和选优（预期投资报酬率为 12%）。

$$\text{甲方案投资报酬率}=\frac{10}{100}\times 100\%=10\%$$

$$乙方案投资报酬率=\frac{20}{150}\times100\%=13.3\%$$

$$丙方案投资报酬率=\frac{(20+50+40+30+20)\div5}{200}\times100\%$$

$$=\frac{32}{200}\times100\%=16\%$$

甲方案投资报酬率低于预期投资报酬率，此方案不可行；乙、丙方案的投资报酬率高于预期投资报酬率，为可行方案。丙方案投资报酬率最高，为最优方案。

投资报酬率法考虑了投资方案每年的净利润，其计算较简单，容易理解。但缺点是没有考虑资金时间价值，所以只能作为决策的参考。

任务四　应用投资决策方法

任务要求

1. 掌握新投资项目决策各种问题的规律和方法
2. 掌握设备更新决策的规律和方法
3. 掌握设备改造决策的规律和方法
4. 掌握固定资产大修决策的规律和方法
5. 掌握固定资产租赁决策的规律和方法
6. 掌握固定资产经济寿命决策的原理和方法

知识储备

在本项目中已经学习了投资决策的基本原理和主要方法，在针对不同的决策问题时，应根据具体情况灵活运用。一般情况下需要计算净现值来比较方案优劣；如果各备选方案的收入是相同的，则只需计算方案的成本来比较，以成本最低者为优。

一、新投资项目决策

新投资项目是指从无到有的新建项目或新购设备，区别于在原有基础上的更新改造项目。新投资项目又可分为完整投资项目和单项设备购置投资项目两种类型。

1. 完整投资项目

完整投资项目是指新建一个企业、开发新的经营项目、建设新的生产线等大的投资项目。这类投资项目一般既有固定资产投资，又有流动资金投资，项目有一定的建设期，经营期满固定资产的残值或变价收入较大。所以这类投资项目的现金流量比较完整，决策也较复杂。

【例 5-21】某企业准备新开发一种新产品，需要固定资产投资 200 万元，三年建成，第一年投入 100 万元，第二年投入 60 万元，第三年投入 40 万元；第三年末需投入流动资金 100 万元。第四年开始投产，预计产品寿命期为 10 年，每年可以创造净利润 50 万元，寿命期满固定资产残值为 10 万元。按平均年限法计提折旧。预期投资报酬率为 10%，要求对该投资项目的可行性进行分析评价。

用净现值法对投资项目的可行性进行评价，计算分析如下：

$$\text{固定资产年折旧额}=\frac{200-10}{10}=19\text{（万元）}$$

$$\text{经营期每年营业现金净流量}=50+19=69\text{（万元）}$$

$$\text{净现值}=69\times6.145\times0.751+(100+10)\times0.290-(100+60\times0.909+40\times0.826+100\times0.751)$$
$$=87.65\text{（万元）}$$

净现值大于 0，所以该投资项目可行。

【案例讨论】某公司有一笔资金 260 000 元，现有两个投资项目可供选择，一个是投资甲产品，一个是投资乙产品。经营寿命期均为六年，期满可收回固定资产变价收入 100 00 元和流动资金投资 50 000 元。投资建设期均为一年，年初固定资产投资 210 000 元，一年后建成投产时投入流动资金 50 000 元。两个投资项目的营业现金净流量见表 5-4。请作出投资哪种产品的决策。

表 5-4　投资项目的营业现金净流量　（单位：元）

投资方案	经营期各年营业现金净流量					
	第 1 年	第 2 年	第 3 年	第 4 年	第 5 年	第 6 年
甲产品	120 000	100 000	80 000	60 000	40 000	20 000
乙产品	20 000	40 000	60 000	80 000	100 000	120 000

决策过程和结论

2. 单项设备购置投资项目

这类投资项目是指添置个别设备的投资，通常不需要增加流动资金投资，一般也没有建设期，属于一次性投资当即可以使用的情况。寿命期满残值较小，有时可以忽略不计。所以这类投资项目的现金流量不太完整，决策也较简单。

【例 5-22】某企业欲添置一台设备，市场上有两种设备可供选择：一种是 A 设备，售价为 20 万元，生产产品的单位成本为 10 元；另一种是 B 设备，售价为 30 万元，生产产品的单位成本为 8 元。两种设备均可使用 10 年，期满残值忽略不计，设备购回后立即可以投入使用。每年生产任务为 10 000 件，合同约定产品售价为 15 元/件，每件产品销售税金为 1 元，所得税率为 25%。不需要增加流动资金投资，按平均年限法计提折旧。资金成本率为 8%。要求在两种设备之间作出选择。

计算分析如下：

A 设备：

每年净利润=（15−10−1）×10 000×（1−25%）=30 000（元）=3 万元

每年折旧额=20 ÷ 10=2（万元）

每年营业现金净流量=3+2=5（万元）

净现值=5×6.710−20=13.55（万元）

$$净现值率=\frac{13.55}{20}\times100\%=67.75\%$$

B 设备：

每年净利润=（15−8−1）×10 000×（1−25%）=45 000（元）=4.5（万元）

每年折旧额=30 ÷ 10=3（万元）

每年营业现金净流量=4.5+3=7.5（万元）

净现值=7.5×6.710−30 =20.325(万元)

$$净现值率=\frac{20.325}{30}\times100\%=67.75\%$$

两种设备的净现值均大于 0，均可行。B 设备的净现值较大，但由于两种设备的投资额不同，应采用净现值率比较。而两种设备的净现值率相等，从投资效果来看，可以任选一种设备。但从投资总效益来看，如果筹集资金不困难的情况下，应该选择 B 设备，这样可以获得更多的利润。

【案例讨论】某企业欲购置一台设备，使用期为 10 年。现有两种设备可供选择，一种是 C 设备，一种是 D 设备，两种设备投资的现金流量数据见表 5-5。设备期满残值估计很少，可忽略不计，采用平均年限法计提折旧。所得税率为 25%，投资的资金成本率为 12%，要求对两种投资方案的可行性进行评价，并选择最优方案。

表 5-5　设备投资的现金流量表　　（单位：万元）

方　案	投 资 额	年销售收入	年付现成本	年销售税金
C 设备	72	40	20	2.0
D 设备	80	45	22	2.2

决策过程和结论

3. 无形资产投资项目

无形资产投资是指取得专利技术、商标权、土地使用权等的投资。这种投资通常是一次性的，一般没有建设期，也不需要流动资金投资，使用期满时有的有变价收入，有的没有变价收入。这种投资与固定资产投资是类似的，同样可以获利，有一定的寿命期，每年摊销额相当于折旧额。

【例 5-23】某企业欲购买一项商标的 5 年使用权，一次性买入价为 500 万元。使用该商标后，每年可以增加销售利润 200 万元，所得税率为 25%，资金成本率为 10%。要求对该方案进行可行性评价。

计算分析如下：

$$商标权每年摊销额=\frac{500}{5}=100（万元）$$

$$每年可增加净利润=200\times（1-25\%）=150（万元）$$

$$每年营业现金净流量=150+100=250（万元）$$

$$净现值=250\times3.791-500=447.75（万元）$$

净现值大于 0，因此该方案可行。

【案例讨论】在【例 5-23】中，若条件为每年年初支付使用费 120 万元，请重新进行可行性评价，并比较哪种投资付款方式更有利。

决策过程和结论

二、设备更新决策

随着现代技术的快速发展，先进设备不断出现，原来的设备会显得陈旧过时，生产效率低下。如果用新设备替代旧设备，就会增加投资支出，但可提高生产效率，可节约成本或增加收入。因此，就面临继续使用旧设备还是提前更新的决策问题。这里说的更新是指对旧设备的提前更新。按更新设备是否会增加生产能力，设备更新决策可分为以下两种情况。

1. 更新设备不增加生产能力

在有些情况下，设备更新后并不增加生产能力，也就是生产量不增加，不增加收入，只会节约工时，减少能源消耗、废品损失和维修费用等。在这种情况下，旧设备和新设备的收入相同，只是成本不同，因此只要比较新、旧设备的使用成本即可。对于设备的残值收入，视为成本的抵减。

> **温馨提示**
>
> 旧设备可变现价值即为使用旧设备所占用的资金，相当于投资额。

【例 5-24】某企业有一台旧设备，原值为 2 000 元，已使用 4 年，还可使用 6 年，目前的可变现价值为 600 元，寿命期满残值预计为 200 元，使用旧设备的年运行成本（包括人工成本、能耗成本、废品损失和维修费用等）为 700 元。现在市场上有一种新设备，购价为 2 400 元，可使用 10 年，寿命期满预计残值为 300 元，使用新设备的年运行成本为 400 元。使用新旧设备的年收入相同。企业预期投资报酬率为 15%，请分析企业是否应该对旧设备提前更新。

由于使用新、旧设备的年收入相同，所以只需比较其使用成本。又由于新、旧设备未来可使用年限不同，所以不能用总成本比较，只能用平均年成本比较。

$$平均年成本=年均投资成本+年均运行成本-年均残值收入$$

计算分析如下：

$$旧设备平均年成本=\frac{600}{(P/A,\ 15\%,\ 6)}+700-\frac{200}{(F/A,\ 15\%,\ 6)}$$

$$=\frac{600}{3.784}+700-\frac{200}{8.753}$$

$$=158.56+700-22.85=836（元）$$

$$新设备平均年成本=\frac{2\,400}{(P/A,\ 15\%,\ 10)}+400-\frac{300}{(F/A,\ 15\%,\ 10)}$$

$$=\frac{2\,400}{5.019}+400-\frac{300}{20.303}$$

$$=478.18+400-14.78=863（元）$$

由计算结果可见，旧设备的年平均使用成本较小，所以不应提前更新。

【案例讨论】某运输公司有一辆汽车已使用 5 年，还可使用 5 年，现在可卖 20 000 元，5 年后预计残值为 500 元，年营运成本（油料费、修理费）为 15 000 元。现若更新，同样的新车购价为 150 000 元，使用寿命为 10 年，预计残值为 800 元，新车年营运成本可降为 10 000 元。资金成本率为 10%。请作出该车是否应提前更新的决策。

决策过程和结论

2. 更新设备可增加生产能力

在有些情况下，更新设备不仅可以节约运行成本，而且可以增加生产能力，增加产销量，进而增加收入。这时，使用新、旧设备的收入、成本均不相同。因此，就要用净现值来比较。但由于新、旧设备的可使用年限不同，因而需用年均净现值进行比较。

> **温馨提示**
>
> 各备选方案的收入、成本都不相同时，用净现值比较；各方案收入相同时，用成本比较。

【例 5-25】某企业现有一套旧设备，原购价为 15 万元，已使用 5 年，还可使用 5 年，现在可变现价值为 5 万元，使用期满设备残值很少，可忽略不计，使用旧设备每年可获得净利润 7 万元。目前市场上有一种新的先进设备，购价为 30 万元，可使用 10 年，使用期满估计残值为 1 万元，使用新设备可增加生产能力，可增加销售收入，同时可节约生产成本，每年可获净利润为 14 万元。折旧采用平均年限法，投资的资金成本率为 10%。试问是否应该对旧设备提前更新。

计算分析如下：

1）使用旧设备：

$$每年营业现金净流量=7+\frac{15}{10}=8.5（万元）$$

$$净现值=8.5\times（P/A，10\%，5）-5$$
$$=8.5\times3.791-5=27.22（万元）$$

$$年均净现值=\frac{27.22}{3.791}=7.18（万元）$$

2）使用新设备：

$$每年折旧额=\frac{30-1}{10}=2.9（万元）$$

$$每年营业现金净流量=14+2.9=16.9（万元）$$

$$净现值=16.9\times（P/A，10\%，10）+1\times0.386-30$$
$$=16.9\times6.145+1\times0.386-30=74.24（万元）$$

$$年均净现值=\frac{74.24}{6.145}=12.08（万元）$$

由于使用新设备的年均净现值较大，所以应对旧设备提前更新。

三、设备改造决策

对于落后的旧设备，除更新外，也可以加以改造，通过增加新装置或改装，使旧设备的效能得到提高。设备改造后会增加生产能力，使收入增加，也可能降低运行成本，最终可增加利润。设备改造后，一般可以达到与新设备相似的效能，而且投资较少，所以，在旧设备可以并且值得改造的条件下，改造方案通常优于更新方案。设备改造如果可以增加净现值，则改造方案就是可行的。

【例 5-26】某企业计划对一台旧设备进行改造，改造需投资 32 万元，改造后设备可使用 10 年，期满残值可增加 2 万元。每年可增加产品产量 0.5 万件（原产量为 1 万件），节约单位成本 1 元。产品售价 11 元/件，每件销售税金 1 元，所得税率为 25%，折旧采用平均年限法。投资的资金成本率为 10%。试分析改造方案是否可行。

对旧设备改造的计算分析如下：

$$每年增加销售利润=0.5\times（11-1）+1.5\times1=6.5（万元）$$

$$每年增加净利润=6.5\times（1-25\%）=4.875（万元）$$

$$每年增加折旧额=\frac{32-2}{10}=3（万元）$$

$$每年增加营业现金净流量=4.875+3=7.875（万元）$$

$$增加的净现值=7.875\times6.145+2\times0.386-32=17.164（万元）$$

计算可知，改造后可增加净现值 17.164 万元，所以改造方案可行。

四、固定资产大修决策

固定资产到了后期，已经陈旧，但若加以大修，仍可使用几年。这时，就需要考虑是大修合算，还是更新合算。大修虽然投资少，但每年运行成本大；更新投资虽多，但每年运行成本小。大修只能恢复固定资产的效能，不能增加其生产能力，即不能增加收入，假定与更新设备的收入相同，此时只需比较大修方案与更新方案的成本即可。但由于更新的固定资产的使用年限比大修的旧固定资产长，因此，应该用平均年成本进行比较。

平均年成本=年均投资成本+年均运行成本–年均残值收入

【例 5-27】某企业有一台旧设备，若加以大修，还可以正常使用 5 年。大修需投资 6 000 元，以后每年运行成本为 750 元，报废时残值为 500 元，旧设备现在可变现价值为 3 000 元。若弃旧购新，需投资 15 000 元，年运行成本可减少至 500 元。新设备可使用 10 年，期满残值为 1 000 元。投资的资金成本率为 12%。试作出该设备大修还是更新的决策。

计算分析如下：

$$大修平均年成本=\frac{6\,000+3\,000}{(P/A,\ 12\%,\ 5)}+750-\frac{500}{(F/A,\ 12\%,\ 5)}$$

$$=\frac{9\,000}{3.605}+750-\frac{500}{6.353}$$

$$=3167.8（元）$$

$$更新平均年成本=\frac{15\,000}{(P/A,\ 12\%,\ 10)}+500-\frac{1\,000}{(F/A,\ 12\%,\ 10)}$$

$$=\frac{15\,000}{5.650}+500-\frac{1\,000}{17.549}$$

$$=3097.9（元）$$

可见更新设备的平均年成本较小，所以应该更新。

【案例讨论】某运输公司有一辆旧车，现在可卖 10 000 元。若进行大修后仍可使用 5 年，5 年后预计残值为 400 元。大修费用需 50 000 元，大修后车辆年营运成本（油料费、修理费）为 12 000 元。若更新，新车购价为 150 000 元，使用寿命为 10 年，预计残值为 800 元，新车年营运成本为 9 000 元。资金成本率为 10%。请作出该旧车应大修还是更新的决策。

决策过程和结论

五、设备租赁决策

当企业需要某项设备时，可以购置，也可以租赁。若租赁，租金总额要大于购置成本，但可以分期支付；若购置，虽然购置成本比租金总额小，但需一次性支付。要比较成本支出，应折算为现值才能对比。由于不论设备是购置还是租赁，其生产能力是一样的，其收入相同。因此，只需要比较其成本即可，以成本较低者为优。

【例 5-28】某企业需要一项设备，使用期为 5 年。若购置，购入价为 33 万元，使用期满后残值为 3 万元；若租赁，需每年年初支付租金 8 万元。购置或租赁设备的生产能力相同。资金年利率为 10%。请作出购置还是租赁的决策。

计算分析如下：

购置成本现值=33−3×0.621 =31.14（万元）

租赁成本现值=8×3.791×（1+10%）=33.36（万元）

可见购置的成本现值较小，所以应该购置。

六、固定资产经济寿命决策

固定资产经济寿命就是平均年使用成本最小时的使用年限。固定资产使用成本，包括折旧费和运行成本两部分，运行成本包括维修费、能源消耗费等。随着固定资产使用年限的增加，年折旧费逐渐减少，而年运行成本不断增加，平均年使用总成本呈现由大到小的变化，到一定的使用年限时，年平均使用成本降低到最小，之后又逐年增大。平均年使用成本最小时的使用年限即为经济寿命，此时对固定资产进行更新，可以使固定资产年平均使用成本保持在最低的水平上，最为合算。

【例 5-29】某项设备原值为 1 400 万元，在各个使用年限下的余值、年运行成本和平均使用成本计算如表 5-6 所示，折现利率为 8%。请确定该项设备的经济寿命。

表中计算原理为

更新时折旧总成本现值=原值−余值的现值

更新时运行成本总现值=更新年限内各年运行成本现值之和

更新时总成本现值=更新时折旧总成本现值+更新时运行成本总现值

平均年使用成本=更新时总成本现值÷年金现值系数

根据以上原理，计算出该项设备的经济寿命如下，见表 5-6。

表 5-6 固定资产的经济寿命计算分析表 （单位：万元）

更新年限	原值 ①	余值 ②	折现系数 (i=8%) ③	余值现值 ④=②×③	运行成本 ⑤	运行成本现值 ⑥=⑤×③	更新时运行成本总现值 ⑦=∑⑥	总成本现值 ⑧=①−④+⑦	年金现值系数 ⑨	平均年成本 ⑩=⑧÷⑨
1	1 400	1 000	0.926	926	200	185	185	659	0.926	712
2	1 400	760	0.857	651	220	189	374	1 123	1.783	630
3	1 400	600	0.794	476	250	199	573	1 497	2.577	581
4	1 400	460	0.735	338	290	213	786	1 848	3.312	558
5	1 400	340	0.681	232	340	232	1 018	2 186	3.993	547
6	1 400	240	0.630	151	400	252	1 270	2 519	4.623	545
7	1 400	160	0.583	93	450	262	1 532	2 839	5.206	545
8	1 400	100	0.541	54	500	271	1 803	3 149	5.749	548

由表中计算结果可知，使用年限为第 6 年和第 7 年时的平均年使用成本最小，经验证第 6 年的平均年成本为 544.88 万元，第 7 年的平均年成本为 545.33 万元，所以该设备的经济寿命为 6 年，应使用 6 年后更新。

在经济寿命年限的前后，年平均使用成本相差是不大的。因此，在技术进步较快时，可适当提前更新；在资金不足时，可适当推迟更新。

项目总结

投资决策，就是对固定资产及无形资产投资项目进行可行性评价和方案选优。投资项目的决策，决定于项目的资金流出量、流入量，即现金流量。由于投资项目的现金流出量、流入量产生在不同的时间上，这就需要考虑资金时间价值，建立资金时间价值观念。

资金时间价值观念告诉我们，只有在同一时点上的资金数量才具有可比性，所以在作资金流出量、流入量比较时，必须折算为同一时点上的价值，这就需要把资金折算为终值或者现值。资金终值与现值的计算，分为单项资金和年金两种情况。年金就是间隔相同、金额相等的多笔资金，又可分为普通年金和即付年金两种。年金终值与现值的计算，是利用年金终值系数与年金现值系数计算的，即付年金的终值与现值，等于普通年金的终值、现值再乘以（$1+i$）。在实际工作中，现值应用较多。

投资项目的现金流出量，包括购建固定资产或无形资产的投资和配套的流动资金投资支出。现金流入量包括项目经营期内各年的营业现金净流量、经营期满固定资产残值收入和收回的流动资金。项目经营期内各年的营业现金净流量，等于年净利润加上年折旧或摊销额。

动态投资决策的基本方法为净现值法和净现值率法。净现值就是投资项目的现金流入量的现值与流出量的现值之差，表示投资项目的净效益。净现值大于 0 的投资方案为可行方案。在各备选方案的投资额现值相等时，净现值最大的方案为最优方案。净现值率是净现值与投资额现值之比，表示投资回报率。当各备选方案的投资额现值不相等时，净现值率最高的方案为最优方案。当各备选方案的经营寿命期不相等时，年均净现值或年均净现值率最大的方案为最优方案。静态投资决策方法主要有投资回收期法和投资报酬率法，这两种方法未考虑资金时间价值，是决策的辅助方法，但可以说明投资项目的风险或收益率水平，投资回收期较短、投资报酬率较高的方案为优。

新投资项目决策时，以净现值法或净现值率法进行方案优选。设备更新决策时，如更新不增加生产能力，则与原收入相同，只要选择年均成本较小的方案即可；如更新可增加生产能力，则应选择年均净现值较大的方案。设备改造决策时，如果改造可增加净现值，则改造方案就是可行的。作固定资产大修还是更新决策时，由于两者均不影响收入，因而只需选择年均成本较小的方案即可。作设备租赁与购置决策时，由于两者收入相同，所以应选择使用成本较小的方案。作固定资产经济寿命决策时，应选择年平均使用成本最小的使用年限为更新年限。

训 练 题

一、判断题（正确的打“√”，错误的打“×”）

1．计算资金终值与现值时，可分为单项资金和年金两类情况。（ ）

2．动态决策法是投资决策的基本方法，静态决策法是辅助方法。（ ）

3．净现值就是投资项目的现金流入量的现值与现金流出量的现值之差。（ ）

4．普通年金就是发生在每期期初的年金。（ ）

5．即付年金现值等于普通年金现值乘以（$1+i$）。（ ）

二、单项选择题（请将最佳选项代号填入括号中）

1．下列适用于投资额不等的方案决策选优的方法是（　　）。

A．净现值法　　B．净现值率法

C．投资回收期法　　D．投资报酬率法

2．如果备选方案的投资额相同，但经营年限不相同，应选择（　　）最大的方案。

A．净现值　　B．年均净现值　　C．净现值率　　D．年均净现值率

3．投资方案可行的标准为（　　）。

A．净现值大于0　　B．净现值率大于1

C．投资回收期大于0　　D．投资报酬率大于0

4．固定资产经济寿命为（　　）的使用年限。

A．年折旧额最小　　B．年运行成本最小

C．年平均使用成本最小　　D．年平均净现值最大

5．在作固定资产租赁与购置决策时，应选择（　　）的方案。

A．使用成本较小　　B．收入较大　　C．净现值较大　　D．技术先进

三、多项选择题（每题有两个或两个以上的答案，请将正确选项代号填入括号中）

1．资金时间价值的应用，就是计算资金的（　　）。

A．终值　　B．现值　　C．价值　　D．利息

2．年金可分为（　　）。

A．普通年金　　B．即付年金　　C．递延年金　　D．永续年金

3．年金的特征有（　　）。

A．多笔款项　　B．金额相等　　C．间隔相等　　D．期数相等

4．投资项目的现金流出量包括（　　）。

A．固定资产或无形资产投资额　　B．配套的流动资金投资额

C．每年营业现金净流量　　D．固定资产残值

5．投资决策的方法有（　　）。

A．净现值法　　B．净现值率法

C．投资回收期法　　D．投资报酬率法

6．投资方案选优的标准为（　　）。

A．净现值最大　　B．净现值率最大

C．投资回收期最短　　D．投资报酬率最高

四、案例分析计算题

1．某公司发行企业债券筹集资金100万元，投资一建设项目。债券的年利率为10%（按复利计息），请计算5年后应归还本息多少万元。

2．某家庭计划3年后购置一辆小汽车，价值50 000元。若银行存款年利息率按5%的复利计算，请计算：

（1）现在应一次存入银行多少钱？

（2）如果逐年存入，平均每年年末应积存多少钱？

3．某企业出租一座生产用房，协议每年年终应收租金20 000元，租赁期满后一次性收款。租期3年满后，按银行年复利6%计算，共应收租金多少元？

4．某家庭有一学生将要上大学，每年学费5 000元，年初交付。为了保证今后4年的学费支出需要，现在应向银行存入学费基金多少钱（存款利息按年3%的复利计算）？

5．某市筹集住房建设基金5亿元。若银行的年存款利率为3%（按复利计息），利用这笔资金，5年内平均每年可拿出多少钱用于住房建设（假定每年年初用款）？

6．震华公司有一台机器，原价20 000元，购入后因改变工艺流程从未用过。为了处理这台机器有下列两个方案可供选择:

（1）外地的红星机械厂拟出价16 000元购买，但需震华公司支付拆除、包装及运输费用，估计需要3000元。

（2）本市华泰公司拟租用这台机器6年，每年愿出租金3 000元（年末支付），但需震华公司支付该机器的维修和保险费，估计每年需支付300元。租赁期满，该机器残值忽略不计。

银行年利息率为5%。请问应选择哪个方案？

7．某工厂计划建一分厂，工程需3年才能完工，3年内各年年初所需固定资产投资额依次为100万元、80万元、20万元。第三年末流动资金投资为50万元。该项投资的年利息率为8%。该项目的经营寿命期为10年。建成投产后，预计每年可获税后净利润50万元，寿命期满后固定资产残值为10万元，固定资产采用直线折旧法。

要求用净现值法和投资回收期法分析该投资方案的可行性。

8．华通公司目前拟购置一台自动化设备，购入价为120 000元。该设备可使用6年，使用期满后残值为6 000元。使用该自动化设备可为企业每年增加净利润13 000元，按平均年限法计提折旧，投资的资金成本率为14%。试用净现值法评价该购置方案是否可行。

9．朝阳公司正在考虑开发一种新产品，该产品的营销期估计为5年，5年后即需停产。生产该产品的成本和销售收入的有关数据见表5-7。

表5-7　新产品生产销售资料表　　（单位：元）

项　目	金　额
需要购置的设备成本（不需安装）	80 000
5年后设备残值	10 000
需要的流动资金	20 000
每年的销售收入	78 000
每年的材料、人工、设备维修费等付现成本	50 000

该新产品投资要求的投资报酬率为10%。销售税金为销售收入的5%，所得税率为25%，按平均年限法计提折旧。要求对该项新产品开发方案的可行性作出评价。

10．某企业准备开发新产品，有两种产品可供选择：一种是甲产品，需投资100万元，一年后投产，寿命期为5年，每年可获净利润40万元，期满设备残值为10万元；另一种是乙产品，投资也是100万元，一年后投产，寿命期为8年，每年可获净利润30万元，期满设备残值为5万元。两种产品均不需流动资金投资。设备采用平均年限法计提折旧，预期投资报酬率为15%，请作出应开发哪种新产品的决策。

11．宏业公司于五年前购置铣床一台，原价为35 000元，估计仍可使用5年，将来期满时残值为2 000元。倘若现在立即出售，可得价款10 000元。最近有一经销商向该公司推销一种以电脑控制的新型铣床，售价为 50 000 元。若购进后，可使该公司的每年销售收入从 100 000 元增长到 115 000 元；每年的付现成本也将从原来的 86 000 元增加到 91 800 元。该项新型铣床的使用寿命为 10 年，估计残值为 2 000 元。

该公司要求预期投资报酬率为 15%，销售税金为销售收入的 5%，所得税率为 25%，按平均年限法计提折旧。要求作出该铣床是否应提前更新的决策。

12. 某企业准备提高某项设备的生产能力，有两种方案：

（1）给原设备增加一个补充装置，需投资 40 000 元，改装后可使用 8 年，每年运行成本 2 500 元，预计残值为 1 000 元。改装时原设备可变现价值为 27 000 元。

（2）购置一台较大的设备，达到同样的生产能力，需投资 68 000 元，可使用 10 年，每年运行成本为 2 000 元，预计残值为 2 000 元。

两种方案均无建设期，资金成本率为 8%。请问应选择哪种方案？

13. 某企业有一台旧设备已达不到正常生产能力，若大修，还可使用 5 年，大修费用为 5 000 元，大修后使用年运行成本为 1 500 元，5 年后残值为 200 元。若购置同等生产能力的新设备，需投资 1 3000 元，可使用 10 年，每年运行成本为 1 000 元，10 年后残值为 300 元。如果旧设备出售，可卖 3 000 元。资金成本率为 10%，请问企业应大修还是更新设备？

14. 某设备原值为 20 000 元，使用 1 年后，设备余值为 10 000 元，以后每年余值递减 20%。第一年设备运行成本为 1 000 元，以后每年预计增加 200 元。请确定该设备的经济寿命（资金成本率为 10%）。

项目六 编制预算

项目导航

预算是企业经营管理的计划和目标，是财务控制和业绩评价的重要依据。

学习目标

- 了解预算的含义
- 理解预算编制的原理
- 学会编制企业主要预算的基本方法

主要内容

- 成本费用预算的内容和编制方法
- 利润预算的内容和编制方法
- 现金收支预算的内容和编制方法

具体任务

任务一　编制成本费用预算

任务二　编制利润预算

任务三　编制现金收支预算

任务一 编制成本费用预算

任务要求

1. 明确生产成本预算的内容和编制步骤
2. 掌握生产成本预算的编制计算方法
3. 明确期间费用预算的内容
4. 掌握期间费用预算的编制方法
5. 掌握营业税金预算的编制方法

知识储备

成本费用预算是成本控制的前提，是编制利润预算和现金收支预算的基础。广义的成本费用包括生产成本、期间费用和营业税金。因此，本任务包括生产成本预算、期间费用预算和营业税金预算三部分。

一、生产成本预算

生产成本预算的编制，应先从成本项目的预算开始，包括直接材料成本预算、直接人工成本预算、制造费用成本预算；然后再编制生产总成本和单位成本预算。生产成本预算按产品品种分别编制。预算编制期可为月度或季度。

1. 直接材料成本预算

直接材料成本预算的计算公式为

直接材料成本预算数=计划产量×材料单耗定额×材料价格

以下面的案例说明直接材料成本预算的编制方法。

【例 6-1】宏达公司只生产甲产品，预算年度甲产品的有关材料成本资料，见表 6-1。

表 6-1 甲产品直接材料成本预算有关资料

全年计划产量/件	材料单耗定额/（kg/件）		材料价格/（元/kg）	
	A 材料	B 材料	A 材料	B 材料
4 300	5	2	10	20

编制预算的计算方法为

材料计划消耗量=计划产量×材料单耗定额

直接材料预算总成本=材料计划消耗量×材料价格

根据以上资料，按季度编制的甲产品直接材料成本预算见表 6-2。

表 6-2 甲产品直接材料成本预算

季 度		一 季 度	二 季 度	三 季 度	四 季 度	全 年
计划产量/件		1 000	1 000	1 200	1 100	4 300
材料计划消耗量/kg	A 材料	5 000	5 000	6 000	5 500	21 500
	B 材料	2 000	2 000	2 400	2 200	8 600
直接材料预算总成本/元	A 材料	50 000	50 000	60 000	55 000	215 000
	B 材料	40 000	40 000	48 000	44 000	172 000
	合 计	90 000	90 000	108 000	99 000	387 000

2. 直接人工成本预算

直接人工成本预算的计算公式为

直接人工成本预算数=计划产量×产品工时定额×工时工资标准

以下面的案例说明直接人工成本预算的编制方法。

【例 6-2】承上例资料，该公司预算年度甲产品的工时定额为 5 工时/件，工时工资标准为 10 元/工时。

编制预算的计算方法为

计划生产总工时=计划产量×产品工时定额

直接人工预算总成本=计划生产总工时×工时工资标准

根据以上资料按季度编制的甲产品直接人工成本预算见下表 6-3。

表 6-3　甲产品直接人工成本预算

季　度	一季度	二季度	三季度	四季度	全　年
计划产量/件	1 000	1 000	1 200	1 100	4 300
计划生产总工时/工时	5 000	5 000	6 000	5 500	21 500
直接人工预算总成本/元	50 000	50 000	60 000	55 000	215 000

3. 制造费用成本预算

由于制造费用包含变动制造费用和固定制造费用两部分，变动制造费用随产量变动，固定制造费用与产量多少无关，所以制造费用成本预算应按变动制造费用和固定制造费用分别编制。

> 温馨提示
>
> 工时变动费用率可根据以往经验数来确定。

（1）变动制造费用预算。变动制造费用包括水电费、修理费、燃料费、工具消耗等。变动制造费用预算的计算公式为

变动制造费用预算数=计划产量×产品工时定额×工时变动费用率

【例 6-3】承**【例 6-1】**资料，该公司预算年度工时变动费用率计划为 2 元/工时。

编制预算的计算方法为

计划生产总工时=计划产量×产品工时定额

变动制造费用预算总成本=计划生产总工时×工时变动费用率

根据以上资料按季度编制的甲产品变动制造费用预算见表 6-4。

表 6-4　甲产品变动制造费用预算

季　度	一季度	二季度	三季度	四季度	全　年
计划产量/件	1 000	1 000	1 200	1 100	4 300
计划生产总工时/工时	5 000	5 000	6 000	5 500	21 500
变动制造费用预算总成本/元	10 000	10 000	12 000	11 000	43 000

（2）固定制造费用预算。固定制造费用不随产量变动，总额固定。因此，固定制造费用直接预算总金额，按薪酬标准、折旧政策或经验数确定。

【例 6-4】宏达公司编制的预算年度的固定制造费用预算见表 6-5。

表 6-5　固定制造费用预算　（单位：元）

费用项目	一季度	二季度	三季度	四季度	全　年
车间管理人员薪酬	18 000	18 000	18 000	18 000	72 000
设备维护保养费	1 000	1 000	1 000	1 000	4 000
劳动保护费	2 000	2 000	2 000	2 000	8 000

（续）

费用项目	一季度	二季度	三季度	四季度	全年
车间办公费	200	200	200	200	800
生产设备、房屋折旧费	30 000	30 000	30 000	30 000	120 000
合计	51 200	51 200	51 200	51 200	204 800
其中：付现费用	21 200	21 200	21 200	21 200	84 800

注：除折旧费外，其余均为付现费用。

4．生产总成本和单位成本预算

在以上成本项目预算的基础上，就可以编制生产总成本和单位成本预算。根据表 6-2～表 6-5 中的预算数据，本案例编制的生产总成本和单位成本预算见表 6-6。

温馨提示

付现费用就是用现金（货币）支付的费用。

编制预算的计算方法为

变动生产成本总额=直接材料成本+直接人工成本+变动制造费用

完全生产成本总额=变动生产成本总额+固定制造费用

单位变动成本=变动生产成本总额/计划产量

单位完全成本=完全生产成本总额/计划产量

表 6-6　甲产品生产总成本和单位成本预算

项目	一季度	二季度	三季度	四季度	全年
直接材料成本/元	90 000	90 000	108 000	99 000	387 000
直接人工成本/元	50 000	50 000	60 000	55 000	215 000
变动制造费用/元	10 000	10 000	12 000	11 000	43 000
固定制造费用/元	51 200	51 200	51 200	51 200	204 800
变动生产成本总额/元	150 000	150 000	180 000	165 000	645 000
完全生产成本总额/元	201 200	201 200	231 200	216 200	849 800
计划产量/件	1 000	1 000	1 200	1 100	4 300
单位变动成本/元	150	150	150	150	150
单位完全成本/元	201.20	201.20	192.67	196.55	197.63

二、期间费用预算

期间费用是指企业本期发生的，不能直接或间接归入营业成本，而是直接计入当期损益的各项费用。期间费用预算包括销售费用预算、管理费用预算和财务费用预算。

1．销售费用预算

销售费用中，有随销售额变动的变动费用，也有相对固定的固定费用。

【例 6-5】宏达公司的甲产品产、销基本平衡，计划销售量与产量相同，产品售价为 300 元/件。变动销售费用按销售额的一定比例计算，固定销售费用按薪酬标准、折旧政策或经验数确定。预算年度的销售和销售费用预算见表 6-7。

表 6-7　销售和销售费用预算

项　　目	一 季 度	二 季 度	三 季 度	四 季 度	全　年
计划销售量/件	1 000	1 000	1 200	1 100	4 300
计划销售额/元	300 000	300 000	360 000	330 000	1 290 000
销售提成工资/元（计划销售额×1%）	3 000	3 000	3 600	3 300	12 900
售后服务费/元（计划销售额×0.1%）	300	300	360	330	1 290
运输费/元（计划销售额×1%）	3 000	3 000	3 600	3 300	12 900
变动销售费用小计/元	6 300	6 300	7 560	6 930	27 090
销售人员基本薪酬/元	10 000	10 000	10 000	10 000	40 000
广告宣传费/元	3 000	3 000	3 000	3 000	12 000
销售部门办公费/元	300	300	300	300	1 200
差旅费/元	9 000	9 000	9 000	9 000	36 000
销售用固定资产折旧费/元	1 000	1 000	1 000	1 000	4 000
固定销售费用小计/元	23 300	23 300	23 300	23 300	93 200
销售费用合计/元	29 600	29 600	30 860	30 230	120 290
付现费用合计/元	28 600	28 600	29 860	29 230	116 290

注：除折旧费外，其余均为付现费用。

2. 管理费用预算

管理费用的性质基本为固定费用，其预算数按薪酬标准、租赁合同、财产税（包括车船税、房产税、土地使用税）和印花税税率、折旧政策或经验数确定。

【例 6-6】宏达公司预算年度的管理费用预算见表 6-8。

表 6-8　管理费用预算　　（单位：元）

项　　目	一 季 度	二 季 度	三 季 度	四 季 度	全　年
行政管理人员薪酬	25 000	25 000	25 000	25 000	100 000
办公费	600	600	600	600	2 400
差旅费	1 000	1 000	1 000	1 000	4 000
交通费	2 000	2 000	2 000	2 000	8 000
业务招待费	1 000	1 000	1 000	1 000	4 000
办公房屋租金	3 000	3 000	3 000	3 000	12 000
邮电通信费	1 000	1 000	1 000	1 000	4 000
财产税和印花税	200	200	200	200	800
其他付现费用	500	500	500	500	2 000
管理用固定资产折旧费	5 000	5 000	5 000	5000	20 000
合　计	39 300	39 300	39 300	39 300	157 200
其中：付现费用	34 300	34 300	34 300	34 300	137 200

注：除折旧费外，其余均为付现费用。

3. 财务费用预算

财务费用主要为借款利息支出，属于固定费用。其预算数按借款额和利率计算。

【例 6-7】宏达公司本预算年度银行借款为 500 000 元，年利率为 6%，全年利息支出为 30 000 元，按月付息。宏达公司预算年度的财务费用预算见表 6-9。

表 6-9　财务费用预算　（单位：元）

项　目	一 季 度	二 季 度	三 季 度	四 季 度	全　年
利息支出	7 500	7 500	7 500	7 500	30 000

三、营业税金预算

营业税金是指计入损益的价内税，按现行税制包括消费税、资源税、营业税、城市维护建设税、教育费附加等，不包括价外不计入损益的增值税。但增值税缴纳仍产生现金流出，与现金收支预算有关，因此仍需在预算中列出。营业税金的性质属于变动费用。

【例 6-8】宏达公司为工业企业，在销售环节需缴纳增值税、消费税、城市维护建设税、教育费附加四种税金。适用税率为：增值税 17%，消费税 3%，城市维护建设税 7%，教育费附加 3%。

各种税金预算编制的计算方法为

增值税=（产品销售额–原材料购进额）×17%

消费税=产品销售额×3%

城市维护建设税=（增值税+消费税）×7%

教育费附加=（增值税+消费税）×3%

营业税金=消费税+城市维护建设税+教育费附加

宏达公司的营业税金预算见表 6-10。

表 6-10　营业税金预算　（单位：元）

项　目	一 季 度	二 季 度	三 季 度	四 季 度	全　年
计划销售额	300 000	300 000	360 000	330 000	1 290 000
原材料购进额	90 000	90 000	108 000	99 000	387 000
增值税	35 700	35 700	42 840	39 270	153 510
消费税	9 000	9 000	10 800	9 900	38 700
城市维护建设税	3 129	3 129	3 755	3 442	13 455
教育费附加	1 341	1 341	1 609	1 475	5 766
缴税合计	49 170	49 170	59 004	54 087	211 431
其中：营业税金	13 470	13 470	16 164	14 817	57 921

注：宏达公司原材料购进额与耗用额（直接材料成本）相等。

任务二　编制利润预算

任务要求

1. 了解利润预算的内容和编制步骤
2. 掌握利润预算编制的计算方法
3. 明确利润预算和成本费用预算的依存关系
4. 理解管理会计和财务会计利润预算编制的异同

知识储备

利润预算是对预算年度可实现利润的预计，一般按年度编制。有按管理会计和按财务会计两种编制方法。

一、管理会计的利润预算编制

按管理会计的变动成本理论，利润预算编制的计算方法如下

营业收入（销售收入）=预计销售量×预计售价

变动成本=变动销售成本+变动销售费用+营业税金

变动销售成本=预计销售量×单位变动生产成本

贡献毛益=营业收入−变动成本

固定成本=固定制造费用+固定销售费用+管理费用+财务费用

营业利润=贡献毛益−固定成本

所得税=营业利润×所得税税率

净利润=营业利润−所得税

根据前述案例中所涉及的销售及成本费用预算，按管理会计方法编制宏达公司预算年度的利润预算见表 6-11。

表 6-11　利润预算　（单位：元）

项　目	本年金额	数据来源说明
营业收入	1 290 000	表 6-7
减：变动销售成本	645 000	表 6-6、表 6-7

（续）

项　　目	本年金额	数据来源说明
变动销售费用	27 090	表 6-7
营业税金	57 921	表 6-10
贡献毛益	559 989	
减：固定制造费用	204 800	表 6-5
固定销售费用	93 200	表 6-7
管理费用	157 200	表 6-8
财务费用	30 000	表 6-9
营业利润	74 789	
减：所得税（税率 25%）	18 697	
净利润	56 092	

二、财务会计的利润预算编制

财务会计的利润预算编制的计算方法如下

营业收入（销售收入）=预计销售量×预计售价

营业成本（销售成本）=预计销售量×单位完全生产成本

营业利润=营业收入−营业成本−营业税金−销售费用−管理费用−财务费用

所得税=营业利润×所得税税率

净利润=营业利润−所得税

综合本项目中前述的宏达公司案例，根据前面的销售及成本费用预算，按财务会计方法编制宏达公司预算年度的利润预算见表 6-12。

表 6-12　利润预算　（单位：元）

项　　目	本年金额	数据来源说明
营业收入	1 290 000	表 6-7
减：营业成本	849 800	表 6-6、表 6-7
营业税金	57 921	表 6-10
销售费用	120 290	表 6-7
管理费用	157 200	表 6-8
财务费用	30 000	表 6-9
营业利润	74 789	
减：所得税（税率 25%）	18 697	
净利润	56 092	

任务三　编制现金收支预算

任务要求

1. 明确现金收支预算的结构和编制步骤
2. 明确现金收入、支出的内容
3. 明确现金收支预算和销售预算、成本费用预算的依存关系
4. 掌握现金收支预算的编制方法

知识储备

现金收支预算就是货币收支预算，或称现金流量预算，是对预算期内货币收支情况的预计，按月度或季度编制。

温馨提示　这里的“现金”是指货币资金。

【例 6-9】宏达公司每期的销售收入与收回货款额基本相等，材料购进量与消耗量基本相同，材料购进额与付款额基本相等。第四季度计划购置设备 30 000 元。预算年度年初现金余额为 20 000 元。

根据该公司前面的销售及成本费用预算，编制的宏达公司预算年度的现金收支预算见表 6-13。

表 6-13　现金收支预算　（单位：元）

项　目	一 季 度	二 季 度	三 季 度	四 季 度	全　年
期初现金余额	20 000	24 882	29 764	52 682	20 000
一、现金收入					
收回销售货款	300 000	300 000	360 000	330 000	1 290 000
其他现金收入					
现金收入合计	300 000	300 000	360 000	330 000	1 290 000
二、现金支出					
支付购材料货款	90 000	90 000	108 000	99 000	387 000
支付生产工人薪酬	50 000	50 000	60 000	55 000	215 000
支付变动制造费用	10 000	10 000	12 000	11 000	43 000
支付付现固定制造费用	21 200	21 200	21 200	21 200	84 800
支付付现销售费用	28 600	28 600	29 860	29 230	116 290
支付付现管理费用	34 300	34 300	34 300	34 300	137 200
支付财务费用	7 500	7 500	7 500	7 500	30 000
缴纳营业税金和增值税	49 170	49 170	59 004	54 087	211 431

（续）

项　　目	一　季　度	二　季　度	三　季　度	四　季　度	全　　年
预缴企业所得税	4 348	4 348	5 218	4 783	18 697
支付购设备款				30 000	30 000
分配现金股利					
现金支出合计	295 118	295 118	337 082	346 100	1 273 418
三、本期现金收支净额	4 882	4 882	22 918	−16 100	16 582
四、本期现金余缺	24 882	29 764	52 682	36 582	36 582
五、本期需筹集资金额	0	0	0	0	0
期末现金余额	24 882	29 764	52 682	36 582	36 582

注：根据利润预算表，本年销售利润率=74 789 ÷1 290 000×100%=5.80%。

有关计算方法如下

本期预缴企业所得税=本期销售收入×本年销售利润率×所得税率

本期现金收支净额=现金收入合计−现金支出合计

本期现金余缺=期初现金余额+本期现金收支净额

本期需筹集资金额=本期现金短缺额（负值金额）

期末现金余额=本期现金余缺+本期需筹集资金额

项目总结

预算是企业经营管理的计划和目标，是财务控制和业绩评价的重要依据之一。企业常用的预算主要有成本费用预算、利润预算和现金收支预算。

成本费用预算包括生产成本预算、期间费用预算和营业税金预算三部分。

生产成本预算包括直接材料成本预算、直接人工成本预算、变动制造费用成本预算、固定制造费用预算。其中前三项为变动生产成本预算，根据产量和消耗定额计算编制；固定制造费用预算根据企业薪酬标准、折旧政策或经验数确定。最后汇总为生产总成本和单位成本预算。生产成本预算按产品品种分别编制。

期间费用预算包括销售费用预算、管理费用预算和财务费用预算。销售费用预算包括变动费用和固定费用两部分；管理费用预算和财务费用预算均属于固定费用预算。期间费用预算按费用项目编制，其预算数根据企业薪酬标准、租赁合同、财产税税率、折旧政策、借款利率或经验数确定。

营业税金是根据销售额计算的，其性质属于变动费用，预算数按税法规定计算编制，包括消费税、资源税、营业税、城市维护建设税、教育费附加等价内税；增值税为价外税，不属于费用，因而不包括在内，但应计入现金支出。

成本费用预算是成本控制的依据标准，是成本管理的重要内容，是实现利润目标的重要保证，也是编制利润预算的依据。

利润预算根据销售及成本费用预算编制，是预算收入与预算成本费用的差额，有按管理会计的变动成本理论编制和按财务会计完全成本理论编制两种形式。利润预算是企业经营业绩的计划目标，是业绩考评的依据。

现金收支预算主要包括现金收入、现金支出、资金筹集三大部分。其中，现金收入主要是销售收入或营业收入；现金支出主要包括支付的各项付现成本费用、支付购货款、缴纳税款、分配现金股利及固定资产购置支出等；资金筹集是针对现金短缺的应对措施，如向银行借款、拆借等。现金收支预算是企业的现金流量预算，是对企业预算年度财务收支的预计。它是制定筹资、投资计划的主要依据，是保证企业正常运转和保持良好的财务状况的重要控制依据。

训 练 题

一、判断题（正确的打“√”，错误的打“×”）

1. 营业税金的性质属于变动费用。（ ）
2. 固定制造费用和管理费用预算按费用项目编制。（ ）
3. 利润预算可按管理会计和财务会计两种方法编制。（ ）
4. 营业税金预算包括增值税。（ ）
5. 成本费用预算按年度编制。（ ）

二、单项选择题（请将最佳选项代号填入括号中）

1. 利润预算的编制期一般为（ ）。
   A. 月度 B. 季度 C. 年度 D. 半年度
2. 现金收支预算编制的依据有（ ）。
   A. 利润预算 B. 成本费用预算 C. 生产预算 D. 业务预算
3. 属于固定制造费用预算项目的是（ ）。
   A. 材料费 B. 招待费 C. 水电费 D. 折旧费
4. 需按变动费用、固定费用两部分编制的预算是（ ）。
   A. 管理费用预算 B. 销售费用预算
   C. 财务费用预算 D. 固定制造费用预算
5. 属于现金收支预算项目的是（ ）。
   A. 折旧费 B. 销售收入 C. 缴纳税金 D. 赊购材料

三、多项选择题（每题有两个或两个以上的答案，请将正确选项代号填入括号中）

1. 直接材料成本预算数等于（ ）的乘积。
   A. 计划产量 B. 材料单耗定额 C. 材料价格 D. 材料品种
2. 直接人工成本预算数等于（ ）的乘积。
   A. 计划产量 B. 产品工时定额 C. 工资总额 D. 工时工资标准
3. 生产成本预算包括（ ）。
   A. 直接材料成本预算 B. 直接人工成本预算

C. 变动制造费用成本预算　　　　　　　D. 固定制造费用预算

4. 现金收支预算的内容包括（　　）。

A. 现金收入　　　　B. 现金支出　　　　C. 资金筹集　　　　D. 对外投资

5. 企业常用的预算主要有（　　）。

A. 成本费用预算　　B. 利润预算　　　　C. 现金收支预算　D. 生产预算

四、案例分析计算题

大华公司生产乙产品，预算年度有关预算资料如下。

（1）各季度计划生产销售量依次为：2 000 件、2 200 件、2 200 件、2 000 件。产品售价为 200 元/件。

（2）耗用两种材料的消耗定额和价格见表 6-14。

表 6-14　材料消耗定额和价格表

材 料 品 种	单耗定额/（kg/件）	材料价格/（元/kg）
C 材料	5	8
D 材料	4	10

（3）单位产品工时定额为 2 工时/件，每工时工资标准为 9 元，根据上年经验，计划平均每工时变动制造费用支出为 3 元。

（4）生产车间管理人员 3 人，月工资及津贴分别为：3 000 元、2 000 元、1 500 元。

（5）生产车间有生产工人 20 人，每人每月劳保用品费为 10 元。

（6）生产设备月折旧额为 10 000 元，车间房屋月折旧额为 500 元。

（7）设备维护保养费每月为 1 000 元左右。车间办公费每月为 100 元左右。

（8）公司有销售人员 3 人，制度规定销售人员月基本工资为 1 000 元，销售提成工资为销售额的 0.5%。

（9）据以往经验，售后服务费约为销售额的 0.2%，送货运输成本（燃油、修车费）约为销售额的 1.5%。

（10）户外广告每月租金为 500 元。

（11）销售部每月办公费为 200 元，销售人员每年差旅费为 10 000 元左右，送货车辆月折旧额为 3 000 元，销售部办公用计算机、打印机月折旧额为 100 元。

（12）公司经理、文秘、财务等行政管理人员 5 人，每月工资津贴等薪酬共 12 000 元。

（13）行政管理部门每月开支为：办公费 100 元，小汽车加油和维修费 500 元左右，差旅费 500 元左右，业务招待费 400 元左右，办公室租金 1 500 元，邮电通信费 300 元，其他费用 100 元左右。

（14）当年应纳车船税为：小汽车一辆 480 元、货车一辆 120 元。生产区占地 200 平方米，每平方米年应纳土地使用税 1.2 元。生产用房余值为 70 000 元，年房产税税率为 1.2%。印花税按规定以销售额的 0.39%计算。财产税分季度缴纳，印花税按月度缴纳。

（15）行政办公室办公设备、家具月折旧额为 200 元。

（16）年内银行借款余额为 200 000 元，年利率为 6%，利息按月支付。

（17）本公司为增值税一般纳税人，适用增值税税率为 17%，适用城市维护建设税和教育费附加税率分别为7%和3%，适用企业所得税税率为25%，不缴纳消费税。

（18）计划第一季度分配上年股利30 000元。

（19）预算年度年初现金余额为40 000元。

（20）该公司原材料购进额与耗用额（即直接材料成本）基本相等，每季度的销售收入与收回货款额基本相等，原材料购进额与付款额基本相等。

根据上述资料，编制大华公司预算年度的成本费用预算、利润预算、现金收支预算，分别填列表6-15～表6-26。

表6-15　直接材料成本预算

季　度		一季度	二季度	三季度	四季度	全　年
计划产量/件						
材料计划消耗量/kg	C材料					
	D材料					
直接材料预算总成本/元	C材料					
	D材料					
	合　计					

表6-16　直接人工成本预算

季　度	一季度	二季度	三季度	四季度	全　年
计划产量/件					
计划生产总工时/工时					
直接人工预算总成本/元					

表6-17　变动制造费用预算

季　度	一季度	二季度	三季度	四季度	全　年
计划产量/件					
计划生产总工时/工时					
变动制造费用预算总额/元					

表6-18　固定制造费用预算　　（单位：元）

费用项目	一季度	二季度	三季度	四季度	全　年
车间管理人员薪酬					
设备维护保养费					
劳动保护费					
车间办公费					
生产设备、房屋折旧费					
合　计					
其中：付现费用					

表 6-19 生产总成本和单位成本预算

项目	一季度	二季度	三季度	四季度	全年
直接材料成本/元					
直接人工成本/元					
变动制造费用/元					
固定制造费用/元					
变动生产成本总额/元					
完全生产成本总额/元					
计划产量/件					
单位变动成本/元					
单位完全成本/元					

表 6-20 销售和销售费用预算

项目	一季度	二季度	三季度	四季度	全年
计划销售量/件					
计划销售额/元					
销售提成工资/元					
售后服务费/元					
运输费/元					
变动销售费用小计/元					
销售人员基本薪酬/元					
广告宣传费/元					
销售部门办公费/元					
差旅费/元					
销售用固定资产折旧费/元					
固定销售费用小计/元					
销售费用合计/元					
付现费用合计/元					

表 6-21 管理费用预算 （单位：元）

项目	一季度	二季度	三季度	四季度	全年
行政管理人员薪酬					
办公费					
差旅费					
交通费					
业务招待费					
办公房屋租金					
邮电通信费					
财产税和印花税					
其他付现费用					
管理用固定资产折旧费					
合计					
其中：付现费用					

表 6-22 财务费用预算 （单位：元）

项　目	一季度	二季度	三季度	四季度	全　年
利息支出					

表 6-23 营业税金预算 （单位：元）

项　目	一季度	二季度	三季度	四季度	全　年
计划销售额					
原材料购进额					
增值税					
城市维护建设税					
教育费附加					
缴税合计					
其中：营业税金					

表 6-24 利润预算（按管理会计方法编制） （单位：元）

项　目	本年金额
营业收入	
减：变动销售成本	
变动销售费用	
营业税金	
贡献毛益	
减：固定制造费用	
固定销售费用	
管理费用	
财务费用	
营业利润	
减：所得税	
净利润	

表 6-25 利润预算（按财务会计方法编制） （单位：元）

项　目	本年金额
营业收入	
减：营业成本	
营业税金	
销售费用	
管理费用	
财务费用	
营业利润	
减：所得税	
净利润	

表 6-26　现金收支预算　　（单位：元）

项　目	一季度	二季度	三季度	四季度	全　年
期初现金余额					
一、现金收入					
收销售货款					
其他现金收入					
现金收入合计					
二、现金支出					
支付购材料货款					
支付生产工人薪酬					
支付变动制造费用					
支付付现固定制造费用					
支付付现销售费用					
支付付现管理费用					
支付财务费用					
缴纳营业税金和增值税					
预缴企业所得税					
支付购设备款					
分配现金股利					
现金支出合计					
三、本期现金收支净额					
四、本期现金余缺					
五、本期需筹集资金额					
期末现金余额					

项目七　学会成本控制

项目导航

成本控制就是采取有效的管理措施，控制成本费用支出，不断降低成本费用，提高企业的盈利水平。成本控制是企业的重要管理活动，也是管理会计的重要内容。

学习目标

- 学会制定成本定额的方法
- 掌握成本定额的考核和差异原因分析的方法
- 掌握固定制造费用和期间费用预算的考核方法

主要内容

- 成本定额制定的原理和方法
- 成本定额完成结果的考核，实际与定额差异的原因分析
- 固定制造费用和期间费用预算完成结果的考核，实际与预算差异的原因分析

具体任务

任务一　制定产品成本定额

任务二　学会成本定额考核

任务三　学会固定制造费用和期间费用考核

任务一　制定产品成本定额

任务要求

1. 了解制定产品成本定额的原理和步骤
2. 学会制定直接材料成本定额的计算方法
3. 学会制定直接人工成本定额的计算方法
4. 学会制定变动制造费用成本定额的计算方法

知识储备

产品成本定额是产品成本控制的标准和目标，是成本水平的上限。制定产品成本定额是

成本控制、考核的基础和前提。

产品成本由直接材料成本、直接人工成本、制造费用成本三部分组成，因而，产品成本定额的制定要先分别制定三个项目的成本定额，最后再汇总为产品成本定额。

一、直接材料成本定额的制定

制定直接材料成本定额的计算方法为

直接材料成本定额=单位产品材料消耗定额×材料价格定额

单位产品材料消耗定额简称单耗定额，由生产部门根据产品生产工艺要求和经验确定。材料价格定额根据市场价格加上一定比例的运杂费核定。

以下用案例说明直接材料成本定额的制定方法。

【例 7-1】宏达公司生产甲产品，耗用 A、B 两种材料，直接材料成本定额计算资料见表 7-1。

表 7-1　甲产品直接材料成本定额计算表

材料品种	单耗定额/（kg/件）	价格定额/（元/kg）	材料成本定额/（元/件）
A	5	10	50
B	2	20	40
合　计	—	—	90

由表 7-1 得出计算结果，甲产品直接材料成本定额为 90 元/件。

二、直接人工成本定额的制定

制定直接人工成本定额的计算方法为

直接人工成本定额=单位产品工时定额×工时工资定额

单位产品工时定额由生产部门根据产品工艺过程核定。工时工资定额根据企业的工资标准计算确定，计算方法为

工时工资定额=月工资标准÷（月平均工作天数×每天工作小时数）

=日工资标准÷每天工作小时数

本例中，宏达公司甲产品的工时定额为 5 工时/件，工时工资定额为 10 元/工时。

甲产品直接人工成本定额=5×10=50（元/件）

三、变动制造费用成本定额的制定

制定变动制造费用成本定额的计算方法为

变动制造费用成本定额=单位产品工时定额×工时费用率定额

工时费用率定额根据以往经验本着节约的原则核定，计算方法为

工时费用率定额=年变动制造费用总额÷年生产总工时

本例中，宏达公司工时费用率定额为 2 元/工时，单位工时定额为 5 工时/件。

甲产品变动制造费用成本定额=5×2=10（元/件）

四、产品成本定额的制定

制定了三个成本项目定额之后，就可以汇总出单位产品变动成本定额。

单位产品变动成本定额=直接材料成本定额+直接人工成本定额+变动制造费用成本定额

甲产品单位变动成本定额见表 7-2。

表 7-2　甲产品单位变动成本定额　　（单位：元/件）

成本项目	定额
直接材料成本定额	90
直接人工成本定额	50
变动制造费用定额	10
单位变动成本定额（合计）	150

任务二　学会成本定额考核

任务要求

1. 掌握产品成本定额完成结果考核和原因分析的方法
2. 掌握直接材料成本定额完成结果考核和原因分析的方法
3. 掌握直接人工成本定额完成结果考核和原因分析的方法
4. 掌握变动制造费用成本定额完成结果考核和原因分析的方法

知识储备

制定了产品成本定额，就要对定额完成情况进行考核。产品成本定额考核就是用实际成本与成本定额对比，发现差异，找出差异的原因，明确责任，通过改进不断降低成本。

一、单位产品变动成本定额完成结果考核

产品成本定额完成结果的考核，首先是将单位变动成本实际数与定额对比，考核其比定

额节约或超支的差异；然后再将各成本项目实际数与定额对比考核其差异，分析出形成产品成本比定额节约或超支差异的原因。

在表 7-2 中，宏达公司甲产品单位变动成本定额为 150 元/件，本期其实际单位变动成本为 169.9 元/件。那么单位变动成本差异=169.9−150=19.9（元/件），即甲产品单位变动成本比定额超支 19.9 元/件。

其各成本项目实际数据和对比分析，见表 7-3。

表 7-3　产品成本定额完成结果考核分析表　　（单位：元/件）

成本项目	定额	实际	差异
直接材料成本	90	99.9	9.9
直接人工成本	50	62	12
变动制造费用	10	8	−2
单位变动成本（合计）	150	169.9	19.9

由表 7-3 分析可知，甲产品单位变动成本比定额超支 19.9 元，原因为直接材料成本超支 9.9 元，直接人工成本超支 12 元，变动制造费用节约 2 元。对各成本项目超支或节约的原因，还要进一步分析。

二、直接材料成本差异的原因分析

直接材料成本差异的原因分析分为两个层次：第一层次用构成分析，第二层次用因素分析。

1. 构成分析

首先，按构成材料成本的材料品种分析材料成本差异的原因。甲产品直接材料成本差异的构成分析，见表 7-4。

表 7-4　甲产品直接材料成本差异的构成分析　　（单位：元/件）

材料品种	成本定额	实际成本	差异
A	50	65	15
B	40	34.9	−5.1
合计	90	99.9	9.9

由表 7-4 分析可知，甲产品直接材料成本超支 9.9 元的原因是 A 材料成本超支 15 元，B 材料成本节约 5.1 元。

对各种材料成本超支或节约的原因，还要用因素分析法进行进一步的分析。

> **温馨提示**
>
> 实际单耗=材料总消耗量÷产品产量。

2. 因素分析

影响材料成本的因素为材料单耗、材料价格，其关系为

单位产品直接材料成本=单位产品材料消耗量×材料价格

接【例 7-1】根据前述 A、B 材料定额资料（见表 7-1）和实际数据，分别对两种材料成本超支或节约的原因进行影响因素分析。

1）A 材料成本差异的影响因素分析，见表 7-5。

表 7-5　A 材料成本差异因素分析表

影响因素	定　额	实　际	差　异
单耗/（kg/件）	5	5	0
材料价格/（元/kg）	10	13	3
单位产品直接材料成本/（元/件）	50	65	15

A 材料成本超支 15 元/件，受两因素的影响为：

单耗差异的影响=（实际单耗−单耗定额）×材料价格定额

=（5−5）×10=0（元/件）

材料价格差异的影响=实际单耗×（实际材料价格−材料价格定额）

=5×（13−10）=15（元/件）

A 材料成本超支额=0+15=15（元/件）

A 材料成本超支 15 元/件，是由于材料价格上升 3 元/kg 使其超支 15 元/件，材料单耗没有差异，未产生影响。

2）B 材料成本差异的影响因素分析，见表 7-6。

表 7-6　B 材料成本差异因素分析表

影响因素	定　额	实　际	差　异
单耗/（kg/件）	2	1.94	−0.06
材料价格/（元/kg）	20	18	−2
单位产品直接材料成本/（元/件）	40	34.9	−5.1

B 材料成本节约 5 元/件，受两个因素的影响为：

单耗差异的影响=（实际单耗−单耗定额）×材料价格定额

=（1.94−2）×20=−1.2（元/件）

材料价格差异的影响=实际单耗×（实际材料价格−材料价格定额）

=1.94×（18−20）≈−3.9（元/件）

B 材料成本节约额=（−1.2）+（−3.9）=−5.1（元/件）

B 材料成本节约 5.1 元/件，是由于材料单耗降低了 0.06kg/件使其节约了 1.2 元/件，材料价格下降 2 元/kg 使其节约了 3.9 元/件。

通过因素分析，在明确了两因素的影响后，还要进一步分析材料单耗和材料价格变化的具体原因，以便明确责任、扬长避短，不断降低成本。

材料单耗升高或降低的原因可能有：材料耗用量浪费或节约；材料质量下降或提高；废品率上升或下降；产品设计改变；生产工艺改变。

材料价格升高或降低的原因可能有：材料市场价格涨跌；运费价格涨跌或运程改变；供应商改变；采用代用材料。

三、直接人工成本差异的原因分析

直接人工成本差异的原因分析，适用因素分析法。

影响直接人工成本的因素为单位产品工时消耗、工时工资额，其关系为

单位产品直接人工成本=单位产品工时消耗×工时工资额

接【例 7-1】宏达公司甲产品的工时定额为 5 工时/件，工时工资定额为 10 元/工时。根据表 7-7 中直接人工成本定额资料和实际数据，对其超支或节约的原因进行影响因素分析。

> 温馨提示
>
> 实际单位产品工时消耗=生产总工时÷产品产量。
>
> 实际工时工资额=工人工资总额÷生产总工时。

表 7-7　直接人工成本差异因素分析表

影响因素	定额	实际	差异
单位产品工时消耗/（工时/件）	5	5.64	0.64
工时工资额/（元/工时）	10	11	1
单位产品直接人工成本/（元/件）	50	62	12

直接人工成本超支 12 元/件，受两个因素的影响。

单位产品工时消耗差异的影响=（单位产品实际工时消耗−单位产品工时定额）×工时工资定额

=（5.64−5）×10=6.4（元/件）

工时工资额差异的影响=单位产品实际工时消耗×（实际工时工资额−工时工资定额）

=5.64×（11−10）≈5.6（元/件）

单位产品直接人工成本差异=6.4+5.6=12（元/件）

直接人工成本超支 12 元/件，是由于单位产品工时消耗增加 0.64 工时使其超支了 6.4 元/件，工时工资额增加 1 元使其超支了 5.6 元/件。

在明确了两因素的影响后，还要进一步分析两因素脱离定额的具体原因，以便明确责任、采取措施，降低成本。

单位产品工时消耗上升或下降的原因可能有：劳动效率降低或提高；劳动时间利用率降低或提高；生产工艺改变。

工时工资额升高或降低的原因可能有：工人工资水平提高或降低；劳动时间缩短或延长。

四、变动制造费用成本差异的原因分析

变动制造费用成本差异的原因分析，也适用因素分析法。

影响变动制造费用成本的因素为单位产品工时消耗、工时费用率，其关系为

单位产品变动制造费用成本=单位产品工时消耗×工时费用率

接【例 7-1】宏达公司甲产品的工时定额为 5 工时/件，工时费用率定额为 2 元/工时。根据表 7-8 中变动制造费用成本定额资料和实际数据，对其超支或节约的原因进行影响因素分析。

温馨提示

实际工时费用率=变动制造费用总额÷生产总工时。

表 7-8　变动制造费用成本差异因素分析表

影响因素	定　额	实　际	差　异
单位产品工时消耗/（工时/件）	5	5.64	0.64
工时费用率/（元/工时）	2	1.42	−0.58
单位产品变动制造费用/（元/件）	10	8	−2

变动制造费用成本节约 2 元/件，受两个因素的影响。

单位产品工时消耗差异的影响=（单位产品实际工时消耗−单位产品工时定额）×工时费用率定额

=（5.64−5）×2≈1.3（元/件）

工时费用率差异的影响=单位产品实际工时消耗×（实际工时费用率−工时费用率定额）

=5.64×（1.42−2）≈−3.3（元/件）

单位产品变动制造费用差异=1.3−3.3=−2（元/件）

变动制造费用成本节约 2 元/件，是由于单位产品工时消耗增加 0.64 工时使其超支了 1.3 元/件，工时费用率降低 0.58 元/工时使其节约了 3.3 元/件。

各因素偏离定额的具体原因，还需要进一步查明，以明确责任、采取措施，不断降低成本。

单位产品工时消耗上升或下降的可能原因如前所述。

工时费用率上升或下降的原因可能有：变动制造费用消耗、开支浪费或节约；水、电、维修等费用价格上升或下降。

任务三　学会固定制造费用和期间费用考核

任务要求

1. 掌握固定制造费用预算完成结果考核的方法
2. 掌握销售费用预算完成结果考核的方法

3. 掌握管理费用预算完成结果考核的方法
4. 掌握财务费用预算完成结果考核的方法

知识储备

固定制造费用和期间费用定额就是费用预算，考核的方法是以各费用项目的实际数与预算数对比，找出差异，并查明原因。

一、固定制造费用考核

【例 7-2】仍以宏达公司为例，根据表 6-5 甲产品固定制造费用预算和实际费用数据编制考核表，见表 7-9。

表 7-9　固定制造费用预算考核表　　（单位：元）

费用项目	全年预算	全年实际	差　异	差异原因
车间管理人员薪酬	72 000	75 800	3 800	社保基金缴费基数提高
设备维护保养费	4 000	5 000	1 000	设备老化
劳动保护费	8 000	8 500	500	劳保用品涨价
车间办公费	800	700	-100	严格了办公用品领用制度
生产设备、房屋折旧费	120 000	120 000	0	固定资产未增减
合　计	204 800	210 000	5 200	—

一般来说，固定制造费用预算执行差异的可能原因见表 7-10。

表 7-10　固定制造费用预算执行差异的可能原因

费用项目	差异可能原因
车间管理人员薪酬	工资提高、社保基金缴费基数变化、人员增减、职工福利变化等
设备维护保养费	设备老化、设备使用不当、设备故障增多、维护耗材价格变化等
劳动保护费	劳保用品价格变化、发放标准变化、工人增减等
车间办公费	办公用品领用制度宽严、办公用品价格变化等
生产设备、房屋折旧费	固定资产增减、折旧方法或折旧年限改变

二、销售费用考核

【例 7-3】仍以宏达公司为例，根据表 6-7 销售和销售费用预算和实际费用数据编制考核表，见表 7-11。

表 7-11　销售费用预算考核表　　（单位：元）

费用项目	全年预算	全年实际	差异	差异原因
销售提成工资	12 900	15 000	2 100	销售额增加
售后服务费	1 290	1 500	210	销售额增加
运输费	12 900	13 400	500	销售额增加
变动销售费用小计	27 090	29 900	2 810	
销售人员基本薪酬	40 000	41 000	1 000	社保基金缴费基数提高
广告宣传费	12 000	11 000	–1 000	改进了宣传方式
销售部门办公费	1 200	1 100	–100	严格了办公用品领用制度
差旅费	36 000	38 000	2 000	住宿价格上升
销售用固定资产折旧费	4 000	4 000	0	固定资产未增减
固定销售费用小计	93 200	95 100	1 900	
销售费用合计	120 290	125 000	4 710	

一般来说，销售费用预算执行差异的可能原因见表 7-12。

表 7-12　销售费用预算执行差异的可能原因

费用项目	差异可能原因
销售提成工资	销售额增减、提成比例改变
售后服务费	销售量增减、产品质量提高或下降、服务项目变化等
运输费	销售量增减、销售地域变化、运费或燃油价格变化、车辆维修价格变化等
销售人员基本薪酬	工资提高、社保基金缴费基数变化、人员增减、职工福利变化等
广告宣传费	广告宣传方式改变、广告费投入增减、广告发布价格变化
销售部门办公费	办公用品领用制度宽严、办公用品价格变化等
差旅费	住宿费和交通费价格变化、出差补助标准变化、销售人员增减、住宿费和交通费超标等
销售用固定资产折旧费	固定资产增减、折旧方法或折旧年限改变

三、管理费用考核

【例 7-4】仍以宏达公司为例，根据表 6-8 管理费用预算和实际费用数据编制考核表，见表 7-13。

表 7-13　管理费用预算考核表　　（单位：元）

费用项目	全年预算	全年实际	差异	差异原因
行政管理人员薪酬	100 000	105 000	5 000	社保基金缴费基数提高
办公费	2 400	2 200	–200	严格了办公用品领用制度
差旅费	4 000	4 500	500	住宿费价格上升
交通费	8 000	8 200	200	燃油涨价
业务招待费	4 000	4 800	800	应酬增加
办公房屋租金	12 000	12 000	0	租赁合同既定

（续）

费用项目	全年预算	全年实际	差　异	差异原因
邮电通信费	4 000	3 800	-200	控制了长途电话
财产税和印花税	800	900	100	销售增加导致合同印花税增加
其他付现费用	2 000	2 200	200	计算机用电导致电费增加
管理用固定资产折旧费	20 000	20 600	600	增添了一台计算机
合　计	157 200	164 200	7 000	

一般来说，管理费用预算执行差异的可能原因见表 7-14。

表 7-14　管理费用预算执行差异的可能原因

费用项目	差异可能原因
行政管理人员薪酬	工资提高、社保基金缴费基数变化、人员增减、职工福利变化等
办公费	办公用品领用制度宽严、办公用品价格变化等
差旅费	住宿费和交通费价格变化、出差补助标准变化、住宿费和交通费超标等
交通费	燃油价格变化、车辆维修价格变化、增减车辆等
业务招待费	应酬增加或减少、增加或压缩支出、餐饮价格变化等
办公房屋租金	租赁合同变化、办公地点改变等
邮电通信费	电话通信费控制措施宽严、电信资费调整、管理人员增减等
财产税和印花税	房产增减、车辆增减、占地面积增减、销售额增减等
其他付现费用	办公用水电节约或浪费、电器增减、办公用具增减等
管理用固定资产折旧费	固定资产增减、折旧方法或折旧年限改变

四、财务费用考核

财务费用的考核主要是利息支出。

【例 7-5】仍以宏达公司为例，根据表 6-9 财务费用预算和实际费用数据编制考核表，见表 7-15。

表 7-15　财务费用预算考核表　（单位：元）

项　目	全年预算	全年实际	差　异	差异原因
利息支出	30 000	36 000	6 000	增加临时借款

一般来说，财务费用预算执行差异的可能原因有：增加临时借款；提前归还借款；借款利率调整。

项目总结

成本控制就是采取管理措施，控制成本费用支出，力求不断降低或节约成本费用。成本控制措施主要包括事前制定成本费用定额，作为控制的目标；事后对定额执行结果进行考核评价，并找出原因，肯定成绩，纠正存在的问题。

产品成本定额的制定要先分别制定直接材料成本、直接人工成本、变动制造费用成本三个项目的成本定额，最后再汇总为产品变动成本定额。

产品成本定额完成结果的考核，第一步，是将单位变动成本实际数与定额对比，考核其比定额节约或超支的差异，再将各成本项目实际数与定额对比考核其差异，分析出形成产品成本比定额节约或超支差异的原因。

第二步，分析成本项目实际比定额差异的原因。直接材料成本差异的原因分析分为两层：第一层，用构成分析法分析各材料品种成本变化的影响；第二层，用因素分析法分析各品种材料成本变化受材料单耗和材料价格两因素的影响。直接人工成本差异的原因采用因素分析法，影响因素为单位产品工时消耗和工时工资额。变动制造费用成本差异的原因采用因素分析法，影响因素为单位产品工时消耗和工时费用率。

第三步，分析查找各影响因素实际比定额差异的具体原因，发扬成绩，改进存在的问题。

固定制造费用和期间费用定额就是费用预算，考核的方法是以各费用项目的实际数与预算数进行对比，找出差异，并查明原因，加以发扬或改进。

训 练 题

一、判断题（正确的打“√”，错误的打“×”）

1. 固定制造费用和期间费用定额就是费用预算。（ ）
2. 成本定额、费用预算是成本费用的下限。（ ）
3. 产品成本定额等于直接材料、直接人工、变动制造费用三个成本项目定额之和。（ ）
4. 成本控制的措施包括事前制定成本费用定额、事后对定额执行结果进行考核评价。（ ）
5. 财务费用预算执行差异的原因可能是利率变化和借款额变化。（ ）

二、单项选择题（请将最佳选项代号填入括号中）

1. 固定制造费用和期间费用预算考核的方法为（ ）。
   A. 本期与上期对比　B. 实际与预算对比
   C. 本企业与外企业对比　D. 本企业与先进水平对比
2. 分析直接材料、直接人工、变动制造费用成本项目定额执行差异原因的方法是（ ）。
   A. 构成分析法　B. 对比分析法　C. 因素分析法　D. 具体分析法
3. 材料单耗升降的原因可能是（ ）。
   A. 劳动效率变动　B. 材料价格变动　C. 产量增减　D. 废品率升降
4. 单位产品工时消耗升降的原因可能是（ ）。
   A. 劳动效率提高或下降　B. 工资水平升降
   C. 加班加点　D. 产量变动

5. 工时变动制造费用率升降的原因可能是（　　）。
A. 水电价格升降　　B. 产量增减　　C. 劳动效率升降　D. 产品质量变化

三、多项选择题（每题有两个或两个以上的答案，请将正确选项代号填入括号中）

1. 产品成本定额包括（　　）。
A. 直接材料成本定额　　B. 直接人工成本定额
C. 变动制造费用成本定额　　D. 销售费用定额
2. 影响直接材料成本的因素有（　　）。
A. 产量　　B. 材料单耗　　C. 材料价格　　D. 工时定额
3. 影响直接人工成本的因素有（　　）。
A. 单位产品工时消耗　B. 工人人数　　C. 工时工资额　　D. 工时费用率
4. 变动制造费用成本定额等于（　　）的乘积。
A. 单位产品工时定额　　B. 单耗定额
C. 工资定额　　D. 工时费用率定额
5. 直接材料成本差异原因分析的方法有（　　）。
A. 构成分析　　B. 因素分析　　C. 差异分析　　D. 动态分析

四、案例分析计算题

大华公司生产乙产品，有关资料如下。

（1）耗用两种材料的消耗定额和价格定额见表 7-16。

表 7-16　材料消耗定额表

材料品种	单耗定额/（kg/件）	价格定额/（元/kg）
C 材料	5	8
D 材料	4	10

（2）单位产品工时定额为 2 工时，每工时工资定额为 9 元，每工时变动制造费用定额为 3 元。

（3）本年度实际核算的数据如下：

表 7-17　材料实际单耗和价格

材料品种	实际单耗/（kg/件）	实际价格/（元/kg）
C 材料	4.5	10
D 材料	4	12

单位产品工时消耗为 1.9 工时，每工时工资额为 10 元，每工时变动制造费用为 2.8 元。

（全年生产总工时为 60000 工时，乙产品产量为 31579 件，生产工人工资总额为 600000 元，变动制造费用总额为 168000 元。）

根据上述资料，按照以下要求请将结果分别填入表 7-18～表 7-24。

（1）制定乙产品单位变动成本定额。

（2）对乙产品成本定额完成结果进行考核，并分析受各成本项目的影响。

（3）分析直接材料成本差异受C、D两种材料成本的影响，再分析两种材料成本差异受单耗和材料价格两因素的影响。

（4）分析直接人工成本差异受单位产品工时消耗和工时工资额两因素的影响。

（5）分析变动制造费用成本差异受单位产品工时消耗和工时费用率两因素的影响。

表7-18　乙产品单位变动成本定额　（单位：元/件）

成本项目	定额
直接材料成本	
直接人工成本	
变动制造费用	
单位变动成本（合计）	

表7-19　乙产品成本定额完成结果考核分析表　（单位：元/件）

成本项目	定额	实际	差异
直接材料成本			
直接人工成本			
变动制造费用			
单位变动成本（合计）			

表7-20　乙产品直接材料成本差异的构成分析　（单位：元/件）

材料品种	成本定额	实际成本	差异
C			
D			
合计			

表7-21　C材料成本差异因素分析表

影响因素	定额	实际	差异	影响
单耗/（kg/件）				
材料价格/（元/kg）				
单位产品直接材料成本/（元/件）				

表7-22　D材料成本差异因素分析表

影响因素	定额	实际	差异	影响
单耗/（kg/件）				
材料价格/（元/kg）				
单位产品直接材料成本/（元/件）				

表 7-23　直接人工成本差异因素分析表

影响因素	定　额	实　际	差　异	影　响
单位产品工时消耗/（工时/件）				
工时工资额/（元/工时）				
单位产品直接人工成本/（元/件）				

表 7-24　变动制造费用成本差异因素分析表

影响因素	定　额	实　际	差　异	影　响
单位产品工时消耗/（工时/件）				
工时费用率/（元/工时）				
单位产品变动制造费用/（元/件）				

附　录

附录A　复利终值系数表

期数	1%	2%	3%	4%	5%	6%	7%	8%	9%	10%	11%	12%	13%	14%	15%	16%	17%	18%	19%	20%	21%
1	1.0100	1.0200	1.0300	1.0400	1.0500	1.0600	1.0700	1.0800	1.0900	1.1000	1.1100	1.1200	1.1300	1.1400	1.1500	1.1600	1.1700	1.1800	1.1900	1.2000	1.2100
2	1.0201	1.0404	1.0609	1.0816	1.1025	1.1236	1.1449	1.1664	1.1881	1.2100	1.2321	1.2544	1.2769	1.2996	1.3225	1.3456	1.3689	1.3924	1.4161	1.4400	1.4641
3	1.0303	1.0612	1.0927	1.1249	1.1576	1.1910	1.2250	1.2597	1.2950	1.3310	1.3676	1.4049	1.4429	1.4815	1.5209	1.5609	1.6016	1.6430	1.6852	1.7280	1.7716
4	1.0406	1.0824	1.1255	1.1699	1.2155	1.2625	1.3108	1.3605	1.4116	1.4641	1.5181	1.5735	1.6305	1.6890	1.7490	1.8106	1.8739	1.9388	2.0053	2.0736	2.1436
5	1.0510	1.1041	1.1593	1.2167	1.2763	1.3382	1.4026	1.4693	1.5386	1.6105	1.6851	1.7623	1.8424	1.9254	2.0114	2.1003	2.1924	2.2878	2.3864	2.4883	2.5937
6	1.0615	1.1262	1.1941	1.2653	1.3401	1.4185	1.5007	1.5869	1.6771	1.7716	1.8704	1.9738	2.0820	2.1950	2.3131	2.4364	2.5652	2.6996	2.8398	2.9860	3.1384
7	1.0721	1.1487	1.2299	1.3159	1.4071	1.5036	1.6058	1.7138	1.8280	1.9487	2.0762	2.2107	2.3526	2.5023	2.6600	2.8262	3.0012	3.1855	3.3793	3.5832	3.7975
8	1.0829	1.1717	1.2668	1.3686	1.4775	1.5938	1.7182	1.8509	1.9926	2.1436	2.3045	2.4760	2.6584	2.8526	3.0590	3.2784	3.5115	3.7589	4.0214	4.2998	4.5950
9	1.0937	1.1951	1.3048	1.4233	1.5513	1.6895	1.8385	1.9990	2.1719	2.3579	2.5580	2.7731	3.0040	3.2519	3.5179	3.8030	4.1084	4.4355	4.7854	5.1598	5.5599
10	1.1046	1.2190	1.3439	1.4802	1.6289	1.7908	1.9672	2.1589	2.3674	2.5937	2.8394	3.1058	3.3946	3.7072	4.0456	4.4114	4.8068	5.2338	5.6947	6.1917	6.7275
11	1.1157	1.2434	1.3842	1.5395	1.7103	1.8983	2.1049	2.3316	2.5804	2.8531	3.1518	3.4786	3.8359	4.2262	4.6524	5.1173	5.6240	6.1759	6.7767	7.4301	8.1403
12	1.1268	1.2682	1.4258	1.6010	1.7959	2.0122	2.2522	2.5182	2.8127	3.1384	3.4985	3.8960	4.3345	4.8179	5.3503	5.9360	6.5801	7.2876	8.0642	8.9161	9.8497
13	1.1381	1.2936	1.4685	1.6651	1.8856	2.1329	2.4098	2.7196	3.0658	3.4523	3.8833	4.3635	4.8980	5.4924	6.1528	6.8858	7.6987	8.5994	9.5964	10.6993	11.9182
14	1.1495	1.3195	1.5126	1.7317	1.9799	2.2609	2.5785	2.9372	3.3417	3.7975	4.3104	4.8871	5.5348	6.2613	7.0757	7.9875	9.0075	10.1472	11.4198	12.8392	14.4210

15	1.161 0	1.345 9	1.558 0	1.800 9	2.078 9	2.396 6	2.759 0	3.172 2	3.642 5	4.177 2	4.784 6	5.473 6	6.254 3	7.137 9	8.137 1	9.265 5	10.538 7	11.973 7	13.589 5	15.407 0	17.449 4
16	1.172 6	1.372 8	1.604 7	1.873 0	2.182 9	2.540 4	2.952 2	3.425 9	3.970 3	4.595 0	5.310 9	6.130 4	7.067 3	8.137 2	9.357 6	10.748 0	12.330 3	14.129 0	16.171 5	18.488 4	21.113 8
17	1.184 3	1.400 2	1.652 8	1.947 9	2.292 0	2.692 8	3.158 8	3.700 0	4.327 6	5.054 5	5.895 1	6.866 0	7.986 1	9.276 5	10.761 3	12.467 7	14.426 5	16.672 2	19.244 1	22.186 1	25.547 7
18	1.196 1	1.428 2	1.702 4	2.025 8	2.406 6	2.854 3	3.379 9	3.996 0	4.717 1	5.559 9	6.543 6	7.690 0	9.024 3	10.575 2	12.375 5	14.462 5	16.879 0	19.673 3	22.900 5	26.623 3	30.912 7
19	1.208 1	1.456 8	1.753 5	2.106 8	2.527 0	3.025 6	3.616 5	4.315 7	5.141 7	6.115 9	7.263 3	8.612 8	10.197 4	12.055 7	14.231 8	16.776 5	19.748 4	23.214 4	27.251 6	31.948 0	37.404 3
20	1.220 2	1.485 9	1.806 1	2.191 1	2.653 3	3.207 1	3.869 7	4.661 0	5.604 4	6.727 5	8.062 3	9.646 3	11.523 1	13.743 5	16.366 5	19.460 8	23.105 6	27.393 0	32.429 4	38.337 6	45.259 3
21	1.232 4	1.515 7	1.860 3	2.278 8	2.786 0	3.399 6	4.140 6	5.033 8	6.108 8	7.400 2	8.949 2	10.803 8	13.021 1	15.667 6	18.821 5	22.574 5	27.033 6	32.323 8	38.591 0	46.005 1	54.763 7
22	1.244 7	1.546 0	1.916 1	2.369 9	2.925 3	3.603 5	4.430 4	5.436 5	6.658 6	8.140 3	9.933 6	12.100 3	14.713 8	17.861 0	21.644 7	26.186 4	31.629 3	38.142 1	45.923 3	55.206 1	66.264 1
23	1.257 2	1.576 9	1.973 6	2.464 7	3.071 5	3.819 7	4.740 5	5.871 5	7.257 9	8.954 3	11.026 3	13.552 3	16.626 6	20.361 6	24.891 5	30.376 2	37.006 2	45.007 6	54.648 7	66.247 4	80.179 5
24	1.269 7	1.608 4	2.032 8	2.563 3	3.225 1	4.048 9	5.072 4	6.341 2	7.911 1	9.849 7	12.239 2	15.178 6	18.788 1	23.212 2	28.625 2	35.236 4	43.297 3	53.109 0	65.032 0	79.496 8	97.017 2
25	1.282 4	1.640 6	2.093 8	2.665 8	3.386 4	4.291 9	5.427 4	6.848 5	8.623 1	10.834 7	13.585 5	17.000 1	21.230 5	26.461 9	32.919 0	40.874 2	50.657 8	62.668 6	77.388 1	95.396 2	117.390 9
26	1.295 3	1.673 4	2.156 6	2.772 5	3.555 7	4.549 4	5.807 4	7.396 4	9.399 2	11.918 2	15.079 9	19.040 1	23.990 5	30.166 6	37.856 8	47.414 1	59.269 7	73.949 0	92.091 8	114.475 5	142.042 9
27	1.308 2	1.706 9	2.221 3	2.883 4	3.733 5	4.822 3	6.213 9	7.988 1	10.245 1	13.110 0	16.738 7	21.324 9	27.109 3	34.389 9	43.535 3	55.000 4	69.345 5	87.259 8	109.589 3	137.370 6	171.871 9
28	1.321 3	1.741 0	2.287 9	2.998 7	3.920 1	5.111 7	6.648 8	8.627 1	11.167 1	14.421 0	18.579 9	23.883 9	30.633 5	39.204 5	50.065 6	63.800 4	81.134 2	102.966 6	130.411 2	164.844 7	207.965 1
29	1.334 5	1.775 8	2.356 6	3.118 7	4.116 1	5.418 4	7.114 3	9.317 3	12.172 2	15.863 1	20.623 7	26.749 9	34.615 8	44.693 1	57.575 5	74.008 5	94.927 1	121.500 5	155.189 3	197.813 6	251.637 7
30	1.347 8	1.811 4	2.427 3	3.243 4	4.321 9	5.743 5	7.612 3	10.062 7	13.267 7	17.449 4	22.892 3	29.959 9	39.115 9	50.950 2	66.211 8	85.849 9	111.064 7	143.370 6	184.675 3	237.376 3	304.481 6

附录 B　复利现值系数表

期数	1%	2%	3%	4%	5%	6%	7%	8%	9%	10%	11%	12%	13%	14%	15%	16%	17%	18%	19%	20%	21%	22%
1	0.990 1	0.980 4	0.970 9	0.961 5	0.952 4	0.943 4	0.934 6	0.925 9	0.917 4	0.909 1	0.900 9	0.892 9	0.885 0	0.877 2	0.869 6	0.862 1	0.854 7	0.847 5	0.840 3	0.833 3	0.826 4	0.819 7
2	0.980 3	0.961 2	0.942 6	0.924 6	0.907 0	0.890 0	0.873 4	0.857 3	0.841 7	0.826 4	0.811 6	0.797 2	0.783 1	0.769 5	0.756 1	0.743 2	0.730 5	0.718 2	0.706 2	0.694 4	0.683 0	0.671 9
3	0.970 6	0.942 3	0.915 1	0.889 0	0.863 8	0.839 6	0.816 3	0.793 8	0.772 2	0.751 3	0.731 2	0.711 8	0.693 1	0.675 0	0.657 5	0.640 7	0.624 4	0.608 6	0.593 4	0.578 7	0.564 5	0.550 7
4	0.961 0	0.923 8	0.888 5	0.854 8	0.822 7	0.792 1	0.762 9	0.735 0	0.708 4	0.683 0	0.658 7	0.635 5	0.613 3	0.592 1	0.571 8	0.552 3	0.533 7	0.515 8	0.498 7	0.482 3	0.466 5	0.451 4
5	0.951 5	0.905 7	0.862 6	0.821 9	0.783 5	0.747 3	0.713 0	0.680 6	0.649 9	0.620 9	0.593 5	0.567 4	0.542 8	0.519 4	0.497 2	0.476 1	0.456 1	0.437 1	0.419 0	0.401 9	0.385 5	0.370 0
6	0.942 0	0.888 0	0.837 5	0.790 3	0.746 2	0.705 0	0.666 3	0.630 2	0.596 3	0.564 5	0.534 6	0.506 6	0.480 3	0.455 6	0.432 3	0.410 4	0.389 8	0.370 4	0.352 1	0.334 9	0.318 6	0.303 3
7	0.932 7	0.870 6	0.813 1	0.759 9	0.710 7	0.665 1	0.622 7	0.583 5	0.547 0	0.513 2	0.481 7	0.452 3	0.425 1	0.399 6	0.375 9	0.353 8	0.333 2	0.313 9	0.295 9	0.279 1	0.263 3	0.248 6
8	0.923 5	0.853 5	0.789 4	0.730 7	0.676 8	0.627 4	0.582 0	0.540 3	0.501 9	0.466 5	0.433 9	0.403 9	0.376 2	0.350 6	0.326 9	0.305 0	0.284 8	0.266 0	0.248 7	0.232 6	0.217 6	0.203 8
9	0.914 3	0.836 8	0.766 4	0.702 6	0.644 6	0.591 9	0.543 9	0.500 2	0.460 4	0.424 1	0.390 9	0.360 6	0.332 9	0.307 5	0.284 3	0.263 0	0.243 4	0.225 5	0.209 0	0.193 8	0.179 9	0.167 0
10	0.905 3	0.820 3	0.744 1	0.675 6	0.613 9	0.558 4	0.508 3	0.463 2	0.422 4	0.385 5	0.352 2	0.322 0	0.294 6	0.269 7	0.247 2	0.226 7	0.208 0	0.191 1	0.175 6	0.161 5	0.148 6	0.136 9
11	0.896 3	0.804 3	0.722 4	0.649 6	0.584 7	0.526 8	0.475 1	0.428 9	0.387 5	0.350 5	0.317 3	0.287 5	0.260 7	0.236 6	0.214 9	0.195 4	0.177 8	0.161 9	0.147 6	0.134 6	0.122 8	0.112 2
12	0.887 4	0.788 5	0.701 4	0.624 6	0.556 8	0.497 0	0.444 0	0.397 1	0.355 5	0.318 6	0.285 8	0.256 7	0.230 7	0.207 6	0.186 9	0.168 5	0.152 0	0.137 2	0.124 0	0.112 2	0.101 5	0.092 0
13	0.878 7	0.773 0	0.681 0	0.600 6	0.530 3	0.468 8	0.415 0	0.367 7	0.326 2	0.289 7	0.257 5	0.229 2	0.204 2	0.182 1	0.162 5	0.145 2	0.129 9	0.116 3	0.104 2	0.093 5	0.083 9	0.075 4
14	0.870 0	0.757 9	0.661 1	0.577 5	0.505 1	0.442 3	0.387 8	0.340 5	0.299 2	0.263 3	0.232 0	0.204 6	0.180 7	0.159 7	0.141 3	0.125 2	0.111 0	0.098 5	0.087 6	0.077 9	0.069 3	0.061 8

15	0.8613	0.7430	0.6419	0.5553	0.4810	0.4173	0.3624	0.3152	0.2745	0.2394	0.2090	0.1827	0.1599	0.1401	0.1229	0.1079	0.0949	0.0835	0.0736	0.0649	0.0573	0.0507
16	0.8528	0.7284	0.6232	0.5339	0.4581	0.3936	0.3387	0.2919	0.2519	0.2176	0.1883	0.1631	0.1415	0.1229	0.1069	0.0930	0.0811	0.0708	0.0618	0.0541	0.0474	0.0415
17	0.8444	0.7142	0.6050	0.5134	0.4363	0.3714	0.3166	0.2703	0.2311	0.1978	0.1696	0.1456	0.1252	0.1078	0.0929	0.0802	0.0693	0.0600	0.0520	0.0451	0.0391	0.0340
18	0.8360	0.7002	0.5874	0.4936	0.4155	0.3503	0.2959	0.2502	0.2120	0.1799	0.1528	0.1300	0.1108	0.0946	0.0808	0.0691	0.0592	0.0508	0.0437	0.0376	0.0323	0.0279
19	0.8277	0.6864	0.5703	0.4746	0.3957	0.3305	0.2765	0.2317	0.1945	0.1635	0.1377	0.1161	0.0981	0.0829	0.0703	0.0596	0.0506	0.0431	0.0367	0.0313	0.0267	0.0229
20	0.8195	0.6730	0.5537	0.4564	0.3769	0.3118	0.2584	0.2145	0.1784	0.1486	0.1240	0.1037	0.0868	0.0728	0.0611	0.0514	0.0433	0.0365	0.0308	0.0261	0.0221	0.0187
21	0.8114	0.6598	0.5375	0.4388	0.3589	0.2942	0.2415	0.1987	0.1637	0.1351	0.1117	0.0926	0.0768	0.0638	0.0531	0.0443	0.0370	0.0309	0.0259	0.0217	0.0183	0.0154
22	0.8034	0.6468	0.5219	0.4220	0.3418	0.2775	0.2257	0.1839	0.1502	0.1228	0.1007	0.0826	0.0680	0.0560	0.0462	0.0382	0.0316	0.0262	0.0218	0.0181	0.0151	0.0126
23	0.7954	0.6342	0.5067	0.4057	0.3256	0.2618	0.2109	0.1703	0.1378	0.1117	0.0907	0.0738	0.0601	0.0491	0.0402	0.0329	0.0270	0.0222	0.0183	0.0151	0.0125	0.0103
24	0.7876	0.6217	0.4919	0.3901	0.3101	0.2470	0.1971	0.1577	0.1264	0.1015	0.0817	0.0659	0.0532	0.0431	0.0349	0.0284	0.0231	0.0188	0.0154	0.0126	0.0103	0.0085
25	0.7798	0.6095	0.4776	0.3751	0.2953	0.2330	0.1842	0.1460	0.1160	0.0923	0.0736	0.0588	0.0471	0.0378	0.0304	0.0245	0.0197	0.0160	0.0129	0.0105	0.0085	0.0069
26	0.7720	0.5976	0.4637	0.3607	0.2812	0.2198	0.1722	0.1352	0.1064	0.0839	0.0663	0.0525	0.0417	0.0331	0.0264	0.0211	0.0169	0.0135	0.0109	0.0087	0.0070	0.0057
27	0.7644	0.5859	0.4502	0.3468	0.2678	0.2074	0.1609	0.1252	0.0976	0.0763	0.0597	0.0469	0.0369	0.0291	0.0230	0.0182	0.0144	0.0115	0.0091	0.0073	0.0058	0.0047
28	0.7568	0.5744	0.4371	0.3335	0.2551	0.1956	0.1504	0.1159	0.0895	0.0693	0.0538	0.0419	0.0326	0.0255	0.0200	0.0157	0.0123	0.0097	0.0077	0.0061	0.0048	0.0038
29	0.7493	0.5631	0.4243	0.3207	0.2429	0.1846	0.1406	0.1073	0.0822	0.0630	0.0485	0.0374	0.0289	0.0224	0.0174	0.0135	0.0105	0.0082	0.0064	0.0051	0.0040	0.0031
30	0.7419	0.5521	0.4120	0.3083	0.2314	0.1741	0.1314	0.0994	0.0754	0.0573	0.0437	0.0334	0.0256	0.0196	0.0151	0.0116	0.0090	0.0070	0.0054	0.0042	0.0033	0.0026

附录C 年金终值系数表

期数	1%	2%	3%	4%	5%	6%	7%	8%	9%	10%	11%	12%	13%	14%	15%	16%	17%	18%
1	1.0000	1.0000	1.0000	1.0000	1.0000	1.0000	1.0000	1.0000	1.0000	1.0000	1.0000	1.0000	1.0000	1.0000	1.0000	1.0000	1.0000	1.0000
2	2.0100	2.0200	2.0300	2.0400	2.0500	2.0600	2.0700	2.0800	2.0900	2.1000	2.1100	2.1200	2.1300	2.1400	2.1500	2.1600	2.1700	2.1800
3	3.0301	3.0604	3.0909	3.1216	3.1525	3.1836	3.2149	3.2464	3.2781	3.3100	3.3421	3.3744	3.4069	3.4396	3.4725	3.5056	3.5389	3.5724
4	4.0604	4.1216	4.1836	4.2465	4.3101	4.3746	4.4399	4.5061	4.5731	4.6410	4.7097	4.7793	4.8498	4.9211	4.9934	5.0665	5.1405	5.2154
5	5.1010	5.2040	5.3091	5.4163	5.5256	5.6371	5.7507	5.8666	5.9847	6.1051	6.2278	6.3528	6.4803	6.6101	6.7424	6.8771	7.0144	7.1542
6	6.1520	6.3081	6.4684	6.6330	6.8019	6.9753	7.1533	7.3359	7.5233	7.7156	7.9129	8.1152	8.3227	8.5355	8.7537	8.9775	9.2068	9.4420
7	7.2135	7.4343	7.6625	7.8983	8.1420	8.3938	8.6540	8.9228	9.2004	9.4872	9.7833	10.0890	10.4047	10.7305	11.0668	11.4139	11.7720	12.1415
8	8.2857	8.5830	8.8923	9.2142	9.5491	9.8975	10.2598	10.6366	11.0285	11.4359	11.8594	12.2997	12.7573	13.2328	13.7268	14.2401	14.7733	15.3270
9	9.3685	9.7546	10.1591	10.5828	11.0266	11.4913	11.9780	12.4876	13.0210	13.5795	14.1640	14.7757	15.4157	16.0853	16.7858	17.5185	18.2847	19.0859
10	10.4622	10.9497	11.4639	12.0061	12.5779	13.1808	13.8164	14.4866	15.1929	15.9374	16.7220	17.5487	18.4197	19.3373	20.3037	21.3215	22.3931	23.5213
11	11.5668	12.1687	12.8078	13.4864	14.2068	14.9716	15.7836	16.6455	17.5603	18.5312	19.5614	20.6546	21.8143	23.0445	24.3493	25.7329	27.1999	28.7551
12	12.6825	13.4121	14.1920	15.0258	15.9171	16.8699	17.8885	18.9771	20.1407	21.3843	22.7132	24.1331	25.6502	27.2707	29.0017	30.8502	32.8239	34.9311
13	13.8093	14.6803	15.6178	16.6268	17.7130	18.8821	20.1406	21.4953	22.9534	24.5227	26.2116	28.0291	29.9847	32.0887	34.3519	36.7862	39.4040	42.2187
14	14.9474	15.9739	17.0863	18.2919	19.5986	21.0151	22.5505	24.2149	26.0192	27.9750	30.0949	32.3926	34.8827	37.5811	40.5047	43.6720	47.1027	50.8180

15	16.0969	17.2934	18.5989	20.0236	21.5786	23.2760	25.1290	27.1521	29.3609	31.7725	34.4054	37.2797	40.4175	43.8424	47.5804	51.6595	56.1101	60.9653
16	17.2579	18.6393	20.1569	21.8245	23.6575	25.6725	27.8881	30.3243	33.0034	35.9497	39.1899	42.7533	46.6717	50.9804	55.7175	60.9250	66.6488	72.9390
17	18.4304	20.0121	21.7616	23.6975	25.8404	28.2129	30.8402	33.7502	36.9737	40.5447	44.5008	48.8837	53.7391	59.1176	65.0751	71.6730	78.9792	87.0680
18	19.6147	21.4123	23.4144	25.6454	28.1324	30.9057	33.9990	37.4502	41.3013	45.5992	50.3959	55.7497	61.7251	68.3941	75.8364	84.1407	93.4056	103.7403
19	20.8109	22.8406	25.1169	27.6712	30.5390	33.7600	37.3790	41.4463	46.0185	51.1591	56.9395	63.4397	70.7494	78.9692	88.2118	98.6032	110.2846	123.4135
20	22.0190	24.2974	26.8704	29.7781	33.0660	36.7856	40.9955	45.7620	51.1601	57.2750	64.2028	72.0524	80.9468	91.0249	102.4436	115.3797	130.0329	146.6280
21	23.2392	25.7833	28.6765	31.9692	35.7193	39.9927	44.8652	50.4229	56.7645	64.0025	72.2651	81.6987	92.4699	104.7684	118.8101	134.8405	153.1385	174.0210
22	24.4716	27.2990	30.5368	34.2480	38.5052	43.3923	49.0057	55.4568	62.8733	71.4027	81.2143	92.5026	105.4910	120.4360	137.6316	157.4150	180.1721	206.3448
23	25.7163	28.8450	32.4529	36.6179	41.4305	46.9958	53.4361	60.8933	69.5319	79.5430	91.1479	104.6029	120.2048	138.2970	159.2764	183.6014	211.8013	244.4868
24	26.9735	30.4219	34.4265	39.0826	44.5020	50.8156	58.1767	66.7648	76.7898	88.4973	102.1742	118.1552	136.8315	158.6586	184.1678	213.9776	248.8076	289.4945
25	28.2432	32.0303	36.4593	41.6459	47.7271	54.8645	63.2490	73.1059	84.7009	98.3471	114.4133	133.3339	155.6196	181.8708	212.7930	249.2140	292.1049	342.6035
26	29.5256	33.6709	38.5530	44.3117	51.1135	59.1564	68.6765	79.9544	93.3240	109.1818	127.9988	150.3339	176.8501	208.3327	245.7120	290.0883	342.7627	405.2721
27	30.8209	35.3443	40.7096	47.0842	54.6691	63.7058	74.4838	87.3508	102.7231	121.0999	143.0786	169.3740	200.8406	238.4993	283.5688	337.5024	402.0323	479.2211
28	32.1291	37.0512	42.9309	49.9676	58.4026	68.5281	80.6977	95.3388	112.9682	134.2099	159.8173	190.6989	227.9499	272.8892	327.1041	392.5028	471.3778	566.4809
29	33.4504	38.7922	45.2189	52.9663	62.3227	73.6398	87.3465	103.9659	124.1354	148.6309	178.3972	214.5828	258.5834	312.0937	377.1697	456.3032	552.5121	669.4475
30	34.7849	40.5681	47.5754	56.0849	66.4388	79.0582	94.4608	113.2832	136.3075	164.4940	199.0209	241.3327	293.1992	356.7868	434.7451	530.3117	647.4391	790.9480

附录D　年金现值系数表

期数	1%	2%	3%	4%	5%	6%	7%	8%	9%	10%	11%	12%	13%	14%	15%	16%	17%	18%	19%	20%	21%
1	0.9901	0.9804	0.9709	0.9615	0.9524	0.9434	0.9346	0.9259	0.9174	0.9091	0.9009	0.8929	0.8850	0.8772	0.8696	0.8621	0.8547	0.8475	0.8403	0.8333	0.8264
2	1.9704	1.9416	1.9135	1.8861	1.8594	1.8334	1.8080	1.7833	1.7591	1.7355	1.7125	1.6901	1.6681	1.6467	1.6257	1.6052	1.5852	1.5656	1.5465	1.5278	1.5095
3	2.9410	2.8839	2.8286	2.7751	2.7232	2.6730	2.6243	2.5771	2.5313	2.4869	2.4437	2.4018	2.3612	2.3216	2.2832	2.2459	2.2096	2.1743	2.1399	2.1065	2.0739
4	3.9020	3.8077	3.7171	3.6299	3.5460	3.4651	3.3872	3.3121	3.2397	3.1699	3.1024	3.0373	2.9745	2.9137	2.8550	2.7982	2.7432	2.6901	2.6386	2.5887	2.5404
5	4.8534	4.7135	4.5797	4.4518	4.3295	4.2124	4.1002	3.9927	3.8897	3.7908	3.6959	3.6048	3.5172	3.4331	3.3522	3.2743	3.1993	3.1272	3.0576	2.9906	2.9260
6	5.7955	5.6014	5.4172	5.2421	5.0757	4.9173	4.7665	4.6229	4.4859	4.3553	4.2305	4.1114	3.9975	3.8887	3.7845	3.6847	3.5892	3.4976	3.4098	3.3255	3.2446
7	6.7282	6.4720	6.2303	6.0021	5.7864	5.5824	5.3893	5.2064	5.0330	4.8684	4.7122	4.5638	4.4226	4.2883	4.1604	4.0386	3.9224	3.8115	3.7057	3.6046	3.5079
8	7.6517	7.3255	7.0197	6.7327	6.4632	6.2098	5.9713	5.7466	5.5348	5.3349	5.1461	4.9676	4.7988	4.6389	4.4873	4.3436	4.2072	4.0776	3.9544	3.8372	3.7256
9	8.5660	8.1622	7.7861	7.4353	7.1078	6.8017	6.5152	6.2469	5.9952	5.7590	5.5370	5.3282	5.1317	4.9464	4.7716	4.6065	4.4506	4.3030	4.1633	4.0310	3.9054
10	9.4713	8.9826	8.5302	8.1109	7.7217	7.3601	7.0236	6.7101	6.4177	6.1446	5.8892	5.6502	5.4262	5.2161	5.0188	4.8332	4.6586	4.4941	4.3389	4.1925	4.0541
11	10.3676	9.7868	9.2526	8.7605	8.3064	7.8869	7.4987	7.1390	6.8052	6.4951	6.2065	5.9377	5.6869	5.4527	5.2337	5.0286	4.8364	4.6560	4.4865	4.3271	4.1769
12	11.2551	10.5753	9.9540	9.3851	8.8633	8.3838	7.9427	7.5361	7.1607	6.8137	6.4924	6.1944	5.9176	5.6603	5.4206	5.1971	4.9884	4.7932	4.6105	4.4392	4.2784
13	12.1337	11.3484	10.6350	9.9856	9.3936	8.8527	8.3577	7.9038	7.4869	7.1034	6.7499	6.4235	6.1218	5.8424	5.5831	5.3423	5.1183	4.9095	4.7147	4.5327	4.3624
14	13.0037	12.1062	11.2961	10.5631	9.8986	9.2950	8.7455	8.2442	7.7862	7.3667	6.9819	6.6282	6.3025	6.0021	5.7245	5.4675	5.2293	5.0081	4.8023	4.6106	4.4317

15	13.8651	12.8493	11.9379	11.1184	10.3797	9.7122	9.1079	8.5595	8.0607	7.6061	7.1909	6.8109	6.4624	6.1422	5.8474	5.5755	5.3242	5.0916	4.8759	4.6755	4.4890
16	14.7179	13.5777	12.5611	11.6523	10.8378	10.1059	9.4466	8.8514	8.3126	7.8237	7.3792	6.9740	6.6039	6.2651	5.9542	5.6685	5.4053	5.1624	4.9377	4.7296	4.5364
17	15.5623	14.2919	13.1661	12.1657	11.2741	10.4773	9.7632	9.1216	8.5436	8.0216	7.5488	7.1196	6.7291	6.3729	6.0472	5.7487	5.4746	5.2223	4.9897	4.7746	4.5755
18	16.3983	14.9920	13.7535	12.6593	11.6896	10.8276	10.0591	9.3719	8.7556	8.2014	7.7016	7.2497	6.8399	6.4674	6.1280	5.8178	5.5339	5.2732	5.0333	4.8122	4.6079
19	17.2260	15.6785	14.3238	13.1339	12.0853	11.1581	10.3356	9.6036	8.9501	8.3649	7.8393	7.3658	6.9380	6.5504	6.1982	5.8775	5.5845	5.3162	5.0700	4.8435	4.6346
20	18.0456	16.3514	14.8775	13.5903	12.4622	11.4699	10.5940	9.8181	9.1285	8.5136	7.9633	7.4694	7.0248	6.6231	6.2593	5.9288	5.6278	5.3527	5.1009	4.8696	4.6567
21	18.8570	17.0112	15.4150	14.0292	12.8212	11.7641	10.8355	10.0168	9.2922	8.6487	8.0751	7.5620	7.1016	6.6870	6.3125	5.9731	5.6648	5.3837	5.1268	4.8913	4.6750
22	19.6604	17.6580	15.9369	14.4511	13.1630	12.0416	11.0612	10.2007	9.4424	8.7715	8.1757	7.6446	7.1695	6.7429	6.3587	6.0113	5.6964	5.4099	5.1486	4.9094	4.6900
23	20.4558	18.2922	16.4436	14.8568	13.4886	12.3034	11.2722	10.3711	9.5802	8.8832	8.2664	7.7184	7.2297	6.7921	6.3988	6.0442	5.7234	5.4321	5.1668	4.9245	4.7025
24	21.2434	18.9139	16.9355	15.2470	13.7986	12.5504	11.4693	10.5288	9.7066	8.9847	8.3481	7.7843	7.2829	6.8351	6.4338	6.0726	5.7465	5.4509	5.1822	4.9371	4.7128
25	22.0232	19.5235	17.4131	15.6221	14.0939	12.7834	11.6536	10.6748	9.8226	9.0770	8.4217	7.8431	7.3300	6.8729	6.4641	6.0971	5.7662	5.4669	5.1951	4.9476	4.7213
26	22.7952	20.1210	17.8768	15.9828	14.3752	13.0032	11.8258	10.8100	9.9290	9.1609	8.4881	7.8957	7.3717	6.9061	6.4906	6.1182	5.7831	5.4804	5.2060	4.9563	4.7284
27	23.5596	20.7069	18.3270	16.3296	14.6430	13.2105	11.9867	10.9352	10.0266	9.2372	8.5478	7.9426	7.4086	6.9352	6.5135	6.1364	5.7975	5.4919	5.2151	4.9636	4.7342
28	24.3164	21.2813	18.7641	16.6631	14.8981	13.4062	12.1371	11.0511	10.1161	9.3066	8.6016	7.9844	7.4412	6.9607	6.5335	6.1520	5.8099	5.5016	5.2228	4.9697	4.7390
29	25.0658	21.8444	19.1885	16.9837	15.1411	13.5907	12.2777	11.1584	10.1983	9.3696	8.6501	8.0218	7.4701	6.9830	6.5509	6.1656	5.8204	5.5098	5.2292	4.9747	4.7430
30	25.8077	22.3965	19.6004	17.2920	15.3725	13.7648	12.4090	11.2578	10.2737	9.4269	8.6938	8.0552	7.4957	7.0027	6.5660	6.1772	5.8294	5.5168	5.2347	4.9789	4.7463

参考文献

[1] 张卿．管理会计[M]．北京：机械工业出版社，2007．
[2] 李天民．管理会计学概论[M]．上海：立信会计出版社，1990．
[3] 余绪缨．管理会计[M]．北京：中国财政经济出版社，1989．
[4] 吴大军．管理会计[M]．北京：中央广播电视大学出版社，1999．